Willigis Jäger und Beatrice Grimm • Der Himmel in dir

Willigis Jäger und Beatrice Grimm

Der Himmel in dir

Einübung ins Körpergebet

KÖSEL

Dieses Buch ist all jenen gewidmet, Gläubigen und Nicht-Gläubigen oder Nicht-mehr-Gläubigen, die auf dem Weg nach Verinnerlichung sind und sich mit der rein mentalen Suche nach einer ersten Wirklichkeit schwer tun.

Wir danken vor allem der inspirierenden Begleitung unseres Lektors Bogdan Snela, der die Entstehung dieses Buches mit großem persönlichen Engagement begleitet hat.

Herzlichen Dank an Gesine Krukenberg und Astrid Will, die uns bei der Redaktion sehr geholfen haben. Für ihre Unterstützung danken wir auch Elisabeth Scheiter und Sven-Joachim Haack.

Wir bedanken uns bei Thomas Reich und Gerd Aumeier für die lebendigen und bereichernden Bilder.

Auch allen anderen Vermittlern von Bildvorlagen sind wir dankbar.

Mit 145 Abbildungen, davon 29 von Thomas Reich, Deisenhofen,
63 + 26 Wiederholungen von Gerd Aumeier, Fuldatal
und 27 Abbildungen aus anderen Quellen (s. Bildnachweis, S. 190f.)

2. Auflage 2001
©2000 by Kösel-Verlag GmbH & Co., München
Printed in Germany. Alle Rechte vorbehalten
Druck und Bindung: Kösel, Kempten
Umschlag: Elisabeth Petersen, München
Umschlagmotiv: ©Tony Stone Bildwelten, München
ISBN 3-466-20452-6

*Gedruckt auf umweltfreundlich hergestelltem Werkdruckpapier
(säurefrei und chlorfrei gebleicht)*

Inhalt

Einübung ins Körpergebet
Beatrice Grimm

Vorwort

Es ist in den letzten Jahrzehnten in der Jugend ein neues Körpergefühl entstanden, das sich in neuen sportlichen Disziplinen ausdrückt. (Rollerskating, Schneebrett, Drachenfliegen, Tauchen, Mountain-bike, neue Tänze, sowie durch verschiedene Arten von Erlebnisurlaub.) Dieses Buch soll helfen, eine Brücke zu bilden zwischen dieser »säkularen« Erlebnisfähigkeit und religiöser Gleichgültigkeit. Es bemüht sich, mehr Körperlichkeit in die Gottesdienste und auch ins persönliche Gebet zu bringen, um über den Körper als Weg in eine neue tiefere Erfahrung des Wesens zu führen. Die religiösen Ausdrucksformen sind oft steril: man lässt sich berieseln, singt höchstens ein Lied mit. Man ist Statist. Ein Grund, warum die Jugend nicht mehr im Gottesdienst zu finden ist? Bei Katholikentagen und Kirchentagen wird versucht, mehr Körperlichkeit in die Religion zu bringen. In den Gemeinden selbst fehlt jedoch die spirituelle Grundlage. Daher bleibt ein solches Bemühen meist mehr Show als Anregung zum Mitmachen. Lässt sich das Anliegen dieses Buches überhaupt der Jugend und der Gemeinde nahe bringen? Lässt sich neben dem Erlebnis eines Rockkonzertes so etwas wie eine ruhige Gebärde und ein Erlebnis in dieser Gebärde vermitteln? Religionslehrer sagen uns, dass dies durchaus möglich ist. Jugendliche sind dankbar, wenn sie aus dem aufreizenden Trubel des Alltags, Möglichkeiten zum Stillwerden erfahren. Es geht dabei nicht nur um ein Stillewerden im ruhigen Sitzen, sondern in bestimmten Körperhaltungen und durch Bewegung.

Das eigentliche Anliegen des Buches aber ist es, Gebetsgebärden als kontemplativen Weg aufzuzeigen. Die Anregungen, die gegeben werden, wollen in ein Erfahren der Ersten Wirklichkeit führen, die wir Abendländer seit einigen Jahrtausenden Gott nennen. Diese Wirklichkeit ist jenseits aller Worte, Begriffe und Bilder. Sie kann nur im ganzheitlichen Rahmen erlebt werden. So fremd das manchem klingen mag, der Körper ist dabei ein zuverlässiger Führer und Begleiter. Wer sich auf die Übungen einlassen kann, findet darin einen Weg, der mehr ist als Gehen, Tanzen oder Singen, es ist ein spiritueller Weg, der auch Menschen helfen kann, die sich keiner Religionsgemeinschaft zurechnen.

Was in diesem Buch steht, ist von den Autoren persönlich erfahren, praktiziert und auch vermittelt worden. Gebetsgebärden, Schritte, Tänze und Töne werden zur Brücke in diese ganzheitliche Ebene des mystischen Begreifens. Dieses Begreifen auch in den Alltag und in die »säkulare« Erlebnisebene zu bringen, ist das eigentliche Ziel. Wenn die Erlebnisfähigkeit in diesen einfachen Formen der Gebärden, im Schreiten, im Tönen geschult wird, lässt sie sich auch in den Alltag übertragen. Die Zeiten, in denen der Mensch nur in der Kirche religiös war, sind vorbei.

Dieses Buch soll letztlich in den Alltag führen. »Das Mysterium findet im Hauptbahnhof statt« (Joseph Beuys).

Willigis Jäger und Beatrice Grimm

Es geht folglich nicht um eine theoretische Vermittlung von Glaubenswahrheiten oder um ethische Unterweisung. Es geht um den Versuch, zu den Dingen selbst zu führen und so in eine andere Grundbefindlichkeit im Leben zu kommen, um anders in der Welt zu sein. Man könnte auch sagen, es geht um eine ergänzende Form von Religiosität. Wir haben bedauerlicherweise das Leben unterteilt in Gottesdienst und Gebet auf der einen Seite und in eine säkulare Welt auf der anderen Seite: Arbeit hier, Freizeit dort; Sonntag hier, Werktag dort; Kirche hier, Welt dort. Die Entfaltung der Spiritualität darf nicht bei Lob, Dank- und Bittgebet stehen bleiben. Sie soll in dem erfahrbar werden, was wir Alltag nennen. Religion ist Alltag.

Körper und Spiritualität
Willigis Jäger

Der Leib – unser Partner auf dem spirituellen Weg

Spirituelle Wege setzen im Körper an: der Lotussitz in den östlichen Wegen, der dem Kopf, Nacken, Rücken und den Beinen eine bestimmte Haltung zuweist; die Mudras der Hände, die als symbolische Gesten eine äußere Haltung mit spirituellen Vorstellungen verbinden; die Asanas des Yoga, Körperhaltungen, die durchlässig machen; die Tanzdrehungen der Derwische und die Körperbewegungen der Sufis zum Mantra Allah-Hu oder die rak'as (Verneigungen und Niederwerfungen) – all dies zeigt die Bedeutung des Körpers im mystischen Gebet. Der Körper ist der Ausgangspunkt, er ist gleichsam das Gefäß, in dem die Begegnung mit der göttlichen Wirklichkeit gefasst ist. Im Christentum ging die Bedeutung des Leibes im spirituellen Leben leider fast gänzlich verloren. Der Leib wurde eher als Hindernis angesehen. Er musste durch Askese gezüchtigt und dienstbar gemacht werden. Vom hl. Dominikus gibt es jedoch noch eine Reihe von Gebetshaltungen, in denen der Körper eine wichtige Rolle spielt. Im Mittelalter gehörten Gebärden noch ganz selbstverständlich zum Gebet. Heute kennen wir sie nur bei bestimmten Anlässen wie Ordensprofess oder Priesterweihe.

Was ist Kontemplation?

Kontemplation führt über Achtsamkeit. Man sammelt das Bewusstsein an einem Fokus. Die Augen sind geschlossen oder halb offen, ohne etwas zu fixieren. Der Blick ist nicht mehr forschend und analysierend, sondern absichtslos. Die Aufmerksamkeit geht von innen auf ein Objekt. Es kann der Atem sein, aber auch

11

Bewusstsein soll geschult werden, bei einem Objekt zu bleiben. Durch urteilsfreies Anschauen oder durch das Erleben eines körperlichen Vorganges von innen beruhigt sich der Geist. Daher ist die Präsenz im Hier und Jetzt die Grundlage aller spirituellen Wege. Sie führt zur Bewusstseinsvereinheitlichung, einer wichtigen Grundstruktur der kontemplativen Übung. Sie hat das Ziel, das unruhige Tagesbewusstsein an einem Objekt festzumachen, damit es aufhört herumzuschweifen.

Die Tibeter benützen dazu Visualisationen, Yoga verwendet mehr die körperlichen Energieströme oder das OM, Zen das MU, die christliche Kontemplation das Wort Jesus oder Schalom. Diese Übung führt zur Bewusstseinsvereinheitlichung, d. h. es bleibt nur eine Sache im Bewusstsein, z.B. Atem, Laut, Körperhaltung oder Bewegung, bis auch dieses Eine sich auflöst. Diese Übungshaltung gilt für die Gebetsgebärden, für das kontemplative Schreiten und für den kontemplativen Tanz. Der Fokus kann verschieden sein, die Aufmerksamkeit gilt dem jeweiligen Objekt.

Obwohl unser Geist sehr rasch über diese Erscheinungen nachzudenken und sie zu analysieren beginnt, sollten wir dem

ein Laut oder ein Wort, das innerlich oder auch hörbar getönt wird. Daraus ergibt sich eine Bindung des Geistes an das Objekt und dadurch auch eine Veränderung in der Wahrnehmung des Objektes. Es wird nicht mehr als Konzept intellektuell begriffen, sondern absichtslos wahrgenommen. Normalerweise sehen wir die Dinge anders, als sie sind. Wir zwängen sie in Kategorien. Das umherschweifende

widerstehen. Unser Verstand sucht ständig nach Inhalten, weil ihm eine objektlose Schau noch nicht möglich ist. Johannes vom Kreuz meint, dass der Geist sich beim kontemplativen Gebet anfänglich eher an die Staubkörnchen klammert, die in der Luft herumfliegen, weil er das reine Licht noch nicht sehen kann. – Im Laufe der Zeit erscheinen keine massiven Bewusstseinsinhalte mehr. Die grobstoffliche Welt schwindet. Es tritt Ruhe und Friede ein.

Die Achtsamkeit auf ein Wort wird in der »Wolke des Nichtwissens« wie folgt beschrieben:

Es genügt jetzt, deine Aufmerksamkeit auf ein einziges Wort zu richten, ... das dich anspricht. Doch ergründe es nicht. Versuche die Wirklichkeit, für die das Wort steht, auf dich wirken zu lassen. Lass keinen noch so klugen Gedanken zu, der dieses Wort ergründen möchte. Gehe auch seinen verschiedenen Bedeutungen nicht nach, als ob das deine Liebe mehren könnte. Ich bin sicher, dass das Nachdenken der kontemplativen Übung hinderlich ist. Deshalb rate ich dir, zerlege diese Worte nicht, lass sie ganz in ihrer Einheit. Sollte dein Verstand anfangen, dieses kurze Wort zu zerlegen, dann erinnere dich, dass es nur als Ganzes für dich einen Wert hat. Befolge meinen Rat, und ich versichere dir, die Gedanken werden dich bald in Ruhe lassen. Warum? Weil du dich geweigert hast, dich mit ihnen auseinander zu setzen. Sie konnten daher nicht überhand nehmen.[1]

Das Einswerden mit dem Objekt ist das Ziel der Übung. Eins werden mit dem Atem, dem Laut, dem Wort, dem Stehen, dem Gehen, der Bewegung. Wer wirklich das wird, was er übt, erfährt eine Öffnung des Bewusstseins.

Die Übung der Achtsamkeit als spiritueller Weg ist sicher älter als alle Religionen. Sie ging in die Religionen ein und wurden darin zu Zen, Vipassana, Raja-Yoga, Kria-Yoga, zu den Formen der Sufis und zur Kontemplation oder Mystik. Wenn sich diese Wege auch unterscheiden, so haben sie doch letztlich alle diesen Kern »Achtsamkeit«. Jesus übte vermutlich diese Gebetsweise, wenn er sich in die Einsamkeit zurückzog und nächtelang auf dem Berg betete. Cassian, ein Mönch, der uns vom Gebetsleben der Eremiten und Zönobiten in der Wüste berichtet, beschreibt die Einübung des kontemplativen Betens, wie folgt. Er empfiehlt einen kurzen Satz:

O Gott, komm mir zu Hilfe. Herr, eile mir zu helfen. Das Gebet dieses Verses soll also mit unablässiger Stete gepflegt werden bei Widrigem ... und bei Günstigem ... Die Anwendung dieses Verses, sage ich, soll ununterbrochen in deinem Herzen erwogen werden. Lass nicht ab, ihn bei jeglichem Werk oder Dienst und auch auf dem Wege zu beten. Pflege ihn beim Schlafen und Essen und in der äußersten Notdurft des Leibes. ...

Cassian [2]

Die Veränderung des religiösen Selbstbildes

Die einzelnen Gebärden zeigen auch eine Wirkung auf die Psyche. Sie verändern vor allem das religiöse Selbstbild. Das Selbstbild, das ein Mensch von sich hat, grenzt ihn ein. Ein großer Anteil unserer Persönlichkeit wird von Glaubenssätzen und Vorstellungen ausgefüllt, die uns in der Kindheit und Jugend eingeprägt wurden und die uns oft am Leben hindern. Sie bestimmen unser religiöses Leben, unsere Beziehungen, unsere Gefühle unser Verhalten im Beruf und in der Gesellschaft. Wer diese Eingrenzungen durchleuchten und ablegen kann, erfährt die eigentliche Natur des Geistes, die keinerlei Formen enthält. Das Selbstbild ist gleichsam eine Maske, die im Theater der Griechen eine wichtige Rolle spielte. Das Eigentliche, das Wesentliche tönt durch sie hindurch. Durch die Gebärde wird ein bestimmtes Selbstbild, eine Maske, hinter der wir leben, erkennbar. Dadurch wird die Relativität und eingrenzende Funktion des Selbstbildes wahrnehmbar.

Manche Gebärden, die auf den Bildern gezeigt werden, scheinen sehr einfach, ja fast naiv. Aber gerade in ihrer Einfachheit

liegt die Wirkung. Sie werden zum Fokus wie der Laut, mit dem man, wie mit dem Wort, in anderen spirituellen Wegen übt. Gebetsgebärden werden, regelmäßig geübt, zu einem kontemplativen Weg. Sie führen zur Relativierung der Ichzentrierung, befreien so von Konditionierungen und leiten eine Entgrenzung ein, die Vo-

raussetzung für den Fortschritt auf dem spirituellen Weg ist. Wenn das Alte bestehen bleibt, gibt es keine wirkliche Veränderung. Nur wer die Identifikation mit seinem Selbstbild, das bis in die feinsten Nuancen des kontemplativen Weges hineinreicht, immer wieder verlassen kann, gelangt in die Erfahrung der Leere und Einheit. In der Gebetsgebärde tritt vieles, was vorher unbewusst war, ins Bewusstsein und kann bearbeitet und losgelassen werden. Vor allem sind es falsche, verdrängte, mit Angst besetzte religiöse Vorstellungen, die oft mit starken Emotionen nach oben drängen. Es sind häufig religiöse Verklemmungen aus der Kindheit, die bereinigt werden können. Nicht wenige Menschen leiden unter ihrer »Kinderreligion«, die sich nicht ins Erwachsenenalter hinein entfalten konnte.

Auf einem kontemplativen Weg lässt sich nichts »machen«. ES geschieht, wenn man aufhört, etwas zu tun. Das gilt auch für die Gebetsgebärde. Wer sich einlassen kann, gelangt im Laufe der Zeit über den Körper hinaus in die Erfahrung von Raum. Raum ist ein Zeichen für die Überschreitung der Selbstgrenzen. Raum und Leere sind hier nicht negativ zu verstehen. Nicht die negative Leere ist gemeint, die zu Depressionen führen kann, sondern die mystische Leere, das Nichts, das nicht als Mangel empfunden wird, sondern als Fülle.

Bewusstseinsentleerung – Weg in die Fülle des Seins

Wer das Körpergebet wirklich übt, gelangt im Laufe der Zeit vielleicht in jene andere Grundstruktur des kontemplativen Gebetes: in die Erfahrung des reinen Seins. Der Schreiber der »Wolke des Nichtwissens« nennt die Übung »Schauen ins nackte Sein«. Johannes vom Kreuz spricht vom »liebenden Aufmerken«, von einer reinen Achtsamkeit im Hier und Jetzt. Die körperliche Eingrenzung öffnet sich durch diese Übung. Das Ich verliert zwar seine Stütze. Es bleibt aber eine Art friedlichen Gewahrseins, das wohl die ursprüngliche Praxis aller spirituellen Wege darstellt. Die Grundhaltung ist heitere Gelassenheit. Der Geist spiegelt sich selbst. Der Sinn von »heiter und gelassen« geht sehr viel tiefer als Ruhe und Frieden. Er bedeutet einen Zustand der Erfahrung, der über alle Verstandestätigkeit hinausgeht. Er meint reines Gewahrsein, Selbsterfahrung des Bewusstseins, aber keine Ego-Erfahrung. Wie kann man diesen Geisteszustand des heiteren gelassenen Widerspiegelns erreichen? Wie kann man in die Geistesessenz eintreten? Einige Hinweise dazu. Die Grundhaltung ist Schauen – Spüren – Wahrnehmen. Nicht denken!

1. »Schaue« in den leeren Raum. »Lausche«, »spüre ins Sein«. Lausche in die Stille. Lausche in den Raum, lausche in den Augenblick.

2. Sobald ein Gedanke erscheint, ein Geräusch, ein Gefühl, lass los und geh zurück zum Lauschen und Spüren.

3. Alle Geräusche und Geschehnisse sind punktuell da, nichts wird verdrängt, aber man hängt nichts nach.

4. Lausche mit großer Erwartung – ohne etwas Bestimmtes zu erwarten.

15

5. *Praktiziere diese Übung auch tagsüber. Alle Aktivitäten und Notwendigkeiten werden zur wundervollen Übung. Es wird ein Tun, ohne gebunden zu sein.*

6. *Übe ohne Anstrengung. Um nichts muss gekämpft oder gerungen werden. Gestört wird der Vorgang noch durch Ichreste, die immer wieder nach oben dringen. Auch in dieser Phase gilt noch Achtsamkeit, Sichbemühen, Loslassen von Vorstellungen. Alles Strukturhafte im Bewusstsein wirkt sich jetzt störend aus. Es ist nicht leicht, die Ruhe zu halten. Der Grad der Bemühung, »richtig« zu üben, muss noch einmal verringert werden. Das Loslassen behält seine Bedeutung. Man pendelt am Anfang zwischen dem Standpunkt des Beobachters und dem Beobachteten hin und her, bis beides zusammenfällt und das Ich zurücktritt.*

Der Weg ins Sein
führt über den Körper

Der Westen hat in den letzten Jahrhunderten einen Weg über den Intellekt zu den Dingen entwickelt. Er hat die Welt wissenschaftlich, d. h. von außen betrachtet und untersucht. Dieser Weg zu den Dingen hat den Weg zum Sein verdunkelt. Der Weg ins Sein aber führt, so eigenartig das in manchen Ohren klingen mag, über den Körper. Wer die spirituellen Wege betrachtet, stellt fest, dass auf dem Weg unser Körper unser Freund ist: Atmen, Sitzen, Schreiten, Tanzen, Laute, Körperhaltungen. Unser tiefstes Wesen ist sehr viel stärker in unserem Körper beheimatet, als wir lange gemeint haben. Die Einheit von Bewusstsein und Materie wird sichtbar und erlebbar im Körper. Er ist der Resonanzboden des Bewusstseins. Ohne Instrument kann keine Musik erklingen. Es mag sich eigenartig anhören, aber unser Bewusstsein spielt viel reiner auf dem Instrument Körper, als auf dem Instrument Verstand. Der Verstand schiebt sich mit eigenen Tönen oft störend dazwischen. Der Durchschnittsmensch hat innere Widerstände, religiöses Erleben nach außen zu bringen und körperlich zu zeigen. Mancher meint, es verletze die Intimität zwischen Gott und Mensch. Wir sind es nicht mehr wie der mittelalterliche Mensch gewöhnt, in unseren Kirchen die Arme hochzustrecken, zu seufzen und uns niederzuwerfen. Und doch ist der Körper unser Partner auf dem spirituellen Weg. Er führt uns in die Gegenwärtigkeit. Gegenwärtigkeit führt ins Sein. Wir sind entweder als Mensch ganz gegenwärtig oder wir sind nicht Mensch in ganzer Fülle. Wenn man den viel gerühmten und erhofften neuen Menschen bezeichnen wollte, dann als einen, der die Gabe des Gegenwärtigseins besitzt. Ein alter Weg in das Gegenwärtigsein ist das Gehen. Das Schreiten in Prozessionen, das Wallfahrten.

Gehen – Wallfahren
ohne anzukommen

Gewöhnlich gehen wir irgendwohin. Wir möchten ankommen. Wenn wir wallfahrten, geht es aber um das Gehen selbst. Wir wenden unsere Aufmerksamkeit unseren Füßen zu, wir fühlen die Bewegung des ganzen Körpers, ein Fuß vor den anderen... Wir spüren die Verlagerung des Gewichts usw. Am Anfang kann Langeweile aufkommen, aber mit zunehmender Aufmerksamkeit wächst eine innere Präsenz und Harmonie.

Es gibt buddhistische Klöster, in denen man Kurse in meditativem Gehen besuchen kann. Bis zu dreißig Kilometer geht man täglich, und gegen Ende der Übungszeit wird die Kilometerzahl erheblich gesteigert. Erschöpfung wird nicht vermieden, weil dann auch der Geist müde ist, herumzuwandern. Diese Übung hilft vor allem dem, der Angst hat vor dem stillen Sitzen oder vor der Einsamkeit.

Unser Wallfahrten hatte wohl ursprünglich einen ähnlichen Hintergrund. Wer heute auf den Jakobsweg geht, macht ähnliche Erfahrungen. Auf der Wallfahrt eingeübt, begleitet die Übung des Gehens später auch das Alltagsleben. Das Gehen zum Bus, zur Arbeit, zum Einkaufen usw. erhält plötzlich eine neue Bedeutung. Nach einiger Zeit merkt man, dass die Übung etwas mit einem macht, dass sie zentriert, beruhigt, entspannt, harmonisiert und verinnerlicht, zur Ruhe bringt, zur Mitte und zu Gott führt.
Wir haben Gehen zu lernen, wie Bepo, der Straßenkehrer, in Michael Endes Buch »Momo« die Straße fegt: Besenstrich für Besenstrich, ohne zu hasten oder ständig auf das Ende der Straße zu schauen in der Erwartung, dass man bald dort ist. Immer nur einen Schritt – vorher keiner und nachher keiner.

Wenn er so die Straße kehrte, tat er es langsam aber stetig: Bei jedem Schritt einen Atemzug und bei jedem Atemzug einen Besenstrich. Schritt – Atemzug – Besenstrich. Schritt – Atemzug – Besenstrich. Dazwischen blieb er manchmal ein Weilchen stehen und blickte nachdenklich vor sich hin. Und dann ging es wieder weiter – Schritt – Atemzug – Besenstrich ...
›Siehst du, Momo,‹ sagte er dann zum Beispiel, ›es ist so: Manchmal hat man eine sehr lange Straße vor sich. Man denkt, die ist so schrecklich lang; das kann man niemals schaffen, denkt man.‹ ... ›Und dann fängt man an, sich zu eilen. Und man eilt sich immer mehr. Jedes mal, wenn man aufblickt, sieht man, dass es gar nicht weniger wird, was noch vor einem liegt. Und man strengt sich noch mehr an, man kriegt es mit der Angst, und zum Schluss ist man ganz außer Puste und kann nicht mehr. Und die Straße liegt immer noch vor einem. So darf man es nicht machen ... Man muss nur an den nächsten Schritt denken, an den nächsten Atemzug, an den nächsten Besenstrich‹.[3]

Da ist nur das Jetzt dieses Schrittes, der zur Zeitlosigkeit wird. Natürlich möchte unser Verstand ausweichen. Es wird ihm langweilig. Daher gehört Disziplin zur Übung, wenn sie das Gewünschte bringen soll. Kontemplatives Gehen ist ein Zurücknehmen der äußeren Wahrnehmung zugunsten der inneren. Man ist ganz bei sich. Man erfährt jeden Schritt von innen. Nur dieser Schritt. Und immer wieder ›nur dieser Schritt‹. So wie man bei der Kontemplation nur auf diesen einen Atemzug achtet, achtet man nur auf den Schritt. Gehen wird zur kontemplativen Übung. Solch ein Gehen kann man nicht machen. Man kann sich nur darin üben und hoffen, dass es zur tiefen Erfahrung wird. Das ist wohl auch der eigentliche Sinn einer Wallfahrt. Im kontemplativen Gehen erfüllt sich bereits ihr tiefer Sinn, weil es uns zu uns selbst und so zu Gott bringt. Wallfahrt ist kontemplatives Gehen – Wallfahrt ist nicht Tourismus.

Gehen selbst ist Gebet

Man braucht zum Gehen nicht noch etwas hinzuzufügen. Wer eins werden kann mit diesem einen Schritt, kann eins werden mit Gott. So wie derjenige, der im Jesusgebet eins werden kann mit dem Wort »Jesus«, eine Öffnung seines Bewusstseins erfahren kann, erfährt auch derjenige, der wirklich eins werden kann mit seinem Schritt, eine mystische Öffnung seines Bewusstseins. Es geht beim Jesusgebet nicht um den Wortinhalt, es geht um das Einswerden mit dem Laut. So wie Jesus bei seinen vielen Wanderungen eins war mit sich und mit Gott, so geht es auch im Schreiten um das Einswerden mit Gott. Gott geht als Mensch, in meinem Menschsein über diese Erde, durch diese Zeit. Gott vollzieht sich in unserem Gehen. Es ist nicht länger unser Gehen, es ist Gottes Gehen. Gott geht in uns auf

dieser Erde. So wird unser Leben zu einer heiligen Pilgerreise. Daher kann ein Sufi sagen:

Wenn du dich mir stetig näherst und dies mit ganzer Hingabe tust, bis du eins wirst mit meiner Liebe, dann bin ich das Ohr, mit dem du hörst, das Auge, mit dem du siehst, die Hand, mit der du greifst, der Fuß, mit der du gehst.[4]

Gehen ist egozentrisch, wenn es verzweckt wird, wenn man nur ankommen will, wenn man den Weg hinter sich bringen will, dann manipulieren wir das Gehen. Wir suchen nicht mehr das Wesen darin, wir machen etwas daraus. Wenn wir Gott darin erfahren wollen, »lassen« wir es gehen. ES wird auch im Ankommen sein, aber jetzt ist es dieser Schritt. ES gibt uns nicht morgen oder übermorgen oder später einmal ewiges Leben. ES kann Leben nicht zurückhalten, ES lebt als dieses Leben in jedem Schritt, der gegangen wird. ES lebt auch in unserem Leid, in unserer Heimatlosigkeit, in unseren Ängsten und in unseren verzweifelten Stunden, die uns vielleicht auf unserer Erden-Wallfahrt widerfahren.

Das führt zu einem ganz neuen Gottesverständnis, nicht einem, das uns jemand vermittelt hat, sondern einem, das wir selbst ergangen und erfahren haben. Gehen wird zur Einübung in eine echte Lebensspiritualität. Wenn wir so wallfahrten, üben wir unseren Alltag ein. Denn so sollen wir nicht nur gehen, sondern stehen,

essen, trinken, uns freuen und leiden. Angelus Silesius dichtet:

Gott tut im Heil'gen selbst all's, was der Heil'ge tut Gott geht, steht, liegt, schläft, wacht, isst, trinkt, hat guten Mut.

So und nur so wird unser Leben zum immer währenden Gebet. Das ist das Geheimnis des Weges, das sich dem erschließt, der um des Gehens willen geht. Gehen ist der einfachste Weg.

Menschen erzählen mir immer wieder, dass sie beim Jogging eine tiefe Gotteserfahrung hatten:

Eines frühen Morgens ging ich Joggen, und anstatt des Rosenkranzes, den ich gewöhnlich betete, rannte ich einfach. Ich kam in die Präsenz dessen, was ist, und war überwältigt von Seiner Gegenwart in allen Dingen. Jeder Klang und jeder Augenblick, jedes Blatt und das Pflaster unter meinen Füßen waren mit göttlichem Leben erfüllt. Jedes Ding war Er. Ich war allen Dingen verbunden. Die Erfahrung dauerte durch den ganzen Lauf und noch tagelang war ich von einem Überallsein überwältigt.

Jemand schrieb mir und berichtete von einer Erfahrung:

Das Gehen des Weges gleicht mehr einem Gezogenwerden. Es gilt, selbst nicht einmal einen Schritt zu tun. ›Sich gehen lassen‹ – wie leicht klingt das, wie schwer ist das! ... es betet innen, es atmet innen ... es geht innen. Ich merke: Ich selbst muss gar nichts leisten. Ich bin nur der Stoff, aus dem Leben vollzogen wird – der Faden, aus dem der kosmische Teppich gewebt wird.

Castaneda berichtet von seiner Unterweisung zum Gehen:

Am Anfang unserer Verbindung hatte Don Juan mir noch eine weitere Technik geschildert. Sie bestand darin, lange Strecken zu wandern, ohne den Blick auf irgendetwas zu konzentrieren. Er hatte mir empfohlen, nichts direkt anzusehen, sondern mit den Augen leicht einwärts zu schielen, um alles, was sich dem Blick darbot, peripher im Auge zu behalten. Er hatte auch behauptet – auch wenn ich es damals nicht verstand –, dass es möglich sei, beinahe alles gleichzeitig wahrzunehmen, was in einem Winkel von 180° vor einem liegt, wenn man den Blick, ohne zu zentrieren, auf einen Punkt über dem Horizont richte. Er hatte mir beteuert, diese Übung sei das einzige Mittel, um den inneren Dialog abzustellen.[5]

Je weicher die Wahrnehmung, desto weiter die Wahrnehmung. Sie wird zum Schauen, Hören und Spüren. Entspannung kehrt ein. Die Übung des Gehens ähnelt der Übung mit dem Atem. Damit unsere Gedanken nicht von einem zum anderen springen, heften wir unser Bewusstsein an den Atem. Damit unsere Augen nicht von einem Objekt zum anderen springen, heften wir sie an eine einzige Sache, ohne sie zu fixieren. Auf nichts stellen wir sie scharf ein. Nichts ist besonders wichtig. Wir schauen nirgends hin und sehen alles. Was wie eine Augengymnastik aussieht, ist in Wirklichkeit eine intensive geistige Sammlung. Damit wir bei uns bleiben, heften wir unser Bewusstsein ans Gehen. Dieser Schritt, sonst nichts. Und immer wieder. Dieser Schritt. Das hilft uns, selbst inmitten größter Aufregung Ruhe zu bewahren, und der Weg wird kurz.

Der Leib als Brücke nach innen

Die meditative Bewegung – dazu zählt nicht nur das Gehen, sondern auch die Gebärde, das Tönen heiliger Laute und das kontemplative Tanzen – gehört zu allen spirituellen Wegen, ob es der Tanz bei den Sufis ist, das Kinhin im Zen, die Erfahrung des Körpers im Hatha Yoga oder das Schreiten in der Prozession und beim Wallfahrten. Der Körper bringt eine Koordinierung von Innen und Außen. Das führt zu einer Bündelung von Energien. Unser Inneres vibriert von Energie, die darauf wartet, ungehindert, heilend und harmonisierend durch uns hindurchzuströmen. Aus unserem Innern schöpfen wir auch die Kräfte für unsere Gesundheit.

Gebärden in einer Wallfahrtskirche, die man nach einem langen Weg erreicht, können eine wichtige religiöse Ausdrucksform

sein. Müde und stumm kommt man an. Man setzt sich in eine Bank und öffnet die Hände auf den Knien. Man ist einfach da, erschöpft. Eine Gebärde kann dann ein intensiveres Gebet sein, als ein Gebet mit Worten. Gebärden sind wohl die elementarste Form, in der sich der Mensch mit Gott verbinden kann. Lange Zeit eingenommene Gebärden können zu einem transpersonalen Zustand führen.

Es gehört Mut dazu, eine gewisse Hemmschwelle zu überwinden und mit anderen eine Gebetsgebärde zu machen. Mancher macht vielleicht in der Disko die ausgefallensten Bewegungen, im religiösen Bereich schämt er sich. Erst wenn wir religiöse Gebärden wieder öffentlich in der Kirche wagen, wird diese Hemmschwelle nach und nach fallen.

Gebärden sind heilend. Die heilenden Energien sind immer schon in uns. Wenn wir sie befreien können, werden wir heil. Wenn es uns gelingt, ganz Gebärde zu sein, wirken diese heilend auf der physischen und psychischen Ebene. Bedrohliches mildert sich. Die Ruhe unseres tiefsten Wesens, die immer in uns ist, kann sich ausbreiten. In Körper, Psyche und Geist stecken ungeahnte Energien. Manchmal entwickeln Menschen solche Kräfte in Notlagen oder in einer ausweglosen Situation. Es kommt zu einer Durchdringung von Körper und Psyche durch Bewusstsein.

Eine Gebärde muss man einüben, bis man sie von innen her ist und nicht von außen her macht. Man muss sie nicht nur einüben, man muss sich in die Gebärde einüben, bis Einheit erfahren wird. Die Gebärde macht dann etwas mit uns. Sie kann uns wandeln. Sie schließt uns an unsere Urkräfte an, was immer heißt, an die göttliche Urkraft. Botschaften des inneren Menschen werden uns kund. Wir stoßen auf heilsame Muster, die alte Konditionierungen ablösen. Es geht schließlich um den tiefsten Sinn unseres Lebens, uns selbst zu entdecken und darin Gott zu erfahren.

Gebärden als Gebet

Religiöse Gebärden wecken in uns religiöse Gefühle. Sie können uns auch wieder an Ebenen anschließen, die wir vergessen hatten. Sie schaffen dadurch eine Offenheit für die transpersonale Dimension und können so zu einem tiefen, durchdringenden Gebet ohne Worte werden. Sie kultivieren unser Inneres und bringen uns in innigen Kontakt mit Gott. Oft können wir das, was geschehen ist, mit Worten gar nicht ausdrücken, da die Erfahrung viel umfassender war, als Worte es sagen könnten. In der Gebärde offenbart ES sich umfassender. Sie bringt das Innerste des Menschen unverfälscht ans Tageslicht.

Auch im Christentum kennen wir Gebärden und Gebärdenfolgen. Für die ersten christlichen Jahrhunderte war das Stehen, die Prostratio und die Orantehaltung eine selbstverständliche Gebetsform. Die Mönche der ersten Jahrhunderte kannten verschiedene Gebetshaltungen. Sie übten vor allem die Prostratio. Cassian, der uns über das Gebet der Mönche in der Thebais berichtet hat, weiß noch von der Prostratio, die man nach jedem Psalm vollzogen hat. Zur Zeit der Reformation hat man viele Gebetsgebärden abgeschafft. Unser Gebetsleben ist dadurch verarmt und hat sich ins rein Verstandesmäßige zurückgezogen.

Die irischen Mönche übernahmen vieles vom orientalischen Mönchtum. Sie pflegten die Kniebeugen: hundert Kniebeugen am Morgen, hundert Kniebeugen am Abend. Wahrscheinlich hat auch Dominikus die Kniebeuge hundertmal und mehr gemacht. In einer Legende vom hl. Kevin, einem irischen Mönch, wird erzählt, dass er ununterbrochen sieben Jahre lang Tag und Nacht mit offenen Händen gebetet habe, so dass die Vögel in seinen Händen Nester bauten.

Tönen – unser Körper ein Instrument

Man weiß heute, dass jedes Partikel im Universum seine eigene Frequenz hat. Die Identität eines Dinges scheint in seiner Frequenz zu liegen. Der Philosoph Pythagoras sagte bereits, ein Fels sei zu Stein gewordene Musik. Man hat erkannt, dass jedes Partikel im physischen Universum ein eigenes Muster von Frequenzen und Schwingungen besitzt. Die Welt ist wirklich Klang, auch wenn wir nicht alle Frequenzen in Klänge umsetzen können. Wir Menschen sind wohl viel mehr von Schwingungen abhängig, als wir meinen. Frequenzen wirken offensichtlich stark auf unser Leben ein. Wären wir uns dessen bewusst, dann würde uns klar werden, dass z. B. böse und neidische Gedanken in unserer Familie, unserer Gesellschaft, zwischen Partnern oder Arbeitskollegen einen viel stärkeren Einfluss haben, als wir meinen. Ebenso wirken auch alle wohlwollenden Gedanken, die wir einander entgegenbringen, positiv. Harmonisches Zusammenleben hat seinen Ausgangspunkt in dem, was nonverbal von uns ausgeht. Eine solche Harmonisierung ist messbar. Wenn zwei Menschen ein gutes Gespräch miteinander führen, dann fallen Wellen ihrer grauen Gehirnrinde in eins zusammen; oder auch, wenn zwischen Prediger und Gemeinde ein guter Kontakt besteht. Ähnlich ist es natürlich auch bei Ehepartnern. Selbst bei Tieren können wir das beobachten, wenn z. B. Fisch- oder Vogelschwärme wie auf Kommando ihre Richtung ändern, als ob sie ein Wesen wären. Die Befehle gehen vom Kollektiv aus. Harmonisierung und Resonanz nennt das die Physik.

Die Naturwissenschaft spricht von Feldern (Sheldrake). Ein Feld ist eine innerlich verbundene Ebene, die von nicht-kausalen Kräften organisiert wird. Alle Teile wirken auf alle Teile ein. Das Feld hat eine morphische Resonanz. Wenn etwas oft wiederholt wird, bilden sich (unter Umständen weit entfernt), ähnliche Felder. Jede Spezies scheint ein eigenes morphogenetisches Feld zu besitzen. Jeder trägt zu diesem morphogenetischen Feld bei. Jeder kann Energien dort abrufen. Wir nehmen in einer Situation viel mehr wahr, als unsere Sinne wahrnehmen. Die Felder begegnen sich gleichsam und interagieren. Felder sind »ansteckend«. Euphorie und Massenhysterie sind Beispiele dafür. Vielleicht hat Jesus das gemeint, als er sagte: »Wer eine Frau nur lüstern anschaut, hat schon die Ehe gebrochen.« (Mt 5,28). Dieses Wort ist nicht moralisch zu verstehen. Es geht hier vielmehr um Energien, die wirksam werden ohne unser Zutun. Die eigentlichen Veränderungen in der Welt geschehen wohl weniger durch Revolutionen, als durch das, was den Revolutionen an Feldresonanz vorausgeht.

Wir wissen auch, dass sich geschlossene Felder selbst zerstören. Sie gehen unter Schmerzen zugrunde. Wenn die Resonanz mit dem Ganzen nicht mehr vorhanden ist, kommt es zum Absterben dieser Felder wie z.B. bei Krebs oder Inzucht. – Durch Tönen werden Felder erzeugt, die verbinden und verwandeln. Darum wird der Musik ein heilender Charakter zugeschrieben. Heilende Klänge durch Gongs werden auch im Westen zur Heilung angewendet.

Nur Gott kann Gott erkennen

Unser Leben ist vom Tun beherrscht. Der westliche Mensch erfährt sich viel mehr im ichhaften Tun als im Sein. Ganz Mensch zu werden bedeutet, sich aus dem Innern heraus zu wandeln. Verwandlung aber bedeutet Loslassen von Erreichtem. Der Mensch hat die Neigung zum Statischen und zu gesicherten Positionen, in denen er meint, überdauern zu können. Leben aber kennt keine Statik, sondern ist die Dynamik selbst, eine Dynamik, die über das Zulassen ins Lassen führt. Gehen, Tönen, kontemplativer Tanz, Gebetsgebärden führen aus dem Machen heraus ins Sein. Lex Hixon erzählt in seinem Buch »Eins mit Gott« von der Wirksamkeit des Tönens:

Allah-Hu – das ständige Gewahrsein dieses mystischen Lauts ist die kontemplative Praxis, in die Bawa seine spirituellen Kinder einweiht. Er betrachtet dies nicht als Meditationstechnik, wie etwa die Wiederholung eines Mantras, sondern als Lauschen auf die Resonanz Gottes, die immer da ist. Da Allah-Hu im Arabischen die Bedeutung »Nur Allah« angenommen hat, beschwört es die höchste Wirklichkeit. Auf Allah-Hu stimmt man sich Tag und Nacht mit jedem Atemzug ein, bis das Atmen nicht nur zu einer natürlichen Erinnerung an Allah, sondern zu einer bewussten Emanation der göttlichen Gegenwart wird. ... Der Atem in jedem Atemzug ist die Resonanz Gottes, Einsicht, dass nur das Göttliche existiert. »Es ist Allah, der Allah verehren muss. Nur Allah kann Allah erkennen.«[6]

Ähnliches lässt sich vom Chorgebet der Mönche sagen. Es geht dabei weniger um den Inhalt einzelner Psalmworte, sondern um die Schwingung, die durch die Gleichmäßigkeit und »Eintönigkeit« der Rezitation und durch die Stille, die am Asteriskus (Stern für eine Pause) eintritt. Der unruhige Geist des Menschen beruhigt sich. Es tritt eine spirituelle Ebene hervor, die jenseits des kognitiven Erfassens liegt und zu einem tiefen spirituellen Erleben führen kann. Ähnliches lässt sich auch vom Rosenkranzgebet sagen. Auch hier spielt das Gleichmäßige, Monotone, das oft wie geleiert klingt (und auch klingen darf) eine wichtige Rolle. Ich kenne Menschen, die durch das Rosenkranzgebet in eine mystische Erfahrung gelangt sind. Litaneien mit ihren stereotypen Wiederholungen bewirken das Gleiche. Entscheidend ist jedoch, dass man sich auf die Schwingung des Ganzen einlassen kann und nicht am Detail hängen bleibt.

Laute werden zum Gebet

Alle Geschöpfe sind Ausdruck des reinen Bewusstseins. Sufismus, die Mystik des Islam, Kabbala, die Mystik der Juden, und die christliche Mystik kommen wohl aus einer gemeinsamen Tradition im Vorderen Orient. Manche Forscher meinen, dass diese Tradition noch älter ist als die ägyptische Mysterienschule. Alle vorderorientalischen Sprachen kennen z. B. den Gottesnamen El oder Al, was das EINE bedeutet, das sich durch alle Dinge einzigartig ausdrückt. Im Altkananäischen wurde es zu Elat, im Hebräischen zu Elohim, im Aramäischen zu Alalha und im Arabischen zu Allah. Das Atmen und Singen heiliger Namen und Worte gehört zu allen mystischen Traditionen.

Es gibt in allen Religionen Gruppen, die nur zum Tönen und Singen heiliger Laute zusammenkommen. Tönen ist die Brücke zwischen dem Formlosen und der Form. Es erhebt den Menschen über die Materie hinaus. Es macht die Materie durchlässig für den Geist. Vokale werden in manchen esoterischen Traditionen als der direkteste Weg zum Göttlichen angesehen. Schon im alten Sanskrit-Text der Sama Veda wird das Tönen von OM für die Quelle der Schöpfung gehalten.

Muslime rezitieren die 99 Namen Gottes an ihrem Rosenkranz. Christen wiederholen den Namen Jesu im Jesusgebet. Buddhisten sprechen das Nembutsu: »Namu Amida Butsu« (Verehrung dem Buddha Amidaba). Manche meinen, dass das Vaterunser aus Texten besteht, die man als einzelne Abschnitte singend wiederholt hat. Ganz deutlich verweisen die Kirchenväter auf das Tönen, wenn sie vom Jubilieren sprechen. »Jubilus« oder »jubilatio« im Lateinischen bezeichnet das Singen von Lauten, die keinen Begriffsinhalt haben, ähnlich dem Jodler. Augustinus meint, dass gerade der Jubilus, der keinen Wortinhalt hat, der Erfahrung des unaussprechlichen Geheimnisses Gottes angemessen ist:

»Suche nicht nach Worten, als ob du erklären könntest, woran sich Gott erfreut. Singe jubelnd ... Was ist dieses Singen im Jubel? Nicht verstehen und nicht mit Worten ausdrücken können, was mit dem Herzen gesungen wird. Denn die bei der Ernte, im Weinberg oder bei einer anderen anstrengenden Arbeit sind, fangen zuerst an, mit Worten und Liedern ihre Freude auszudrücken. Doch wenn sie so voller Freude sind, dass sie diese mit Worten nicht mehr ausdrücken können, wenden sie sich von den Worten mit ihren Silben ab und gehen zum Jubilieren über.

Der Jubilus ist ein Ton, der bedeutet: das Herz gebären lassen, was man nicht mehr sagen kann. Unaussprechlich ist, was man in Worten nicht ausdrücken kann«[7].

Namen Gottes zu singen oder zu rezitieren ist wohl eine sehr alte kontemplative Übung. Aber es müssen nicht immer heilige Namen sein. Oft sind es einfach nur Laute, in denen sich das Innerste des Menschen sammelt und ausdrückt. Angelus Silesius dichtet:

Die Menschen plappern viel.
Wer geistlich weiß zu beten,
der kann mit A und O
getrost vor Gott hin treten.

Von Br. Masseo, einem frühen Nachfolger des heiligen Franziskus, wird berichtet:

Oft, wenn Bruder Masseo betete, stieß er einen Laut des Jubels aus, uh, uh, uh, wie ein Täuberich, und mit heiterer Miene und frohen Herzens verweilte er so in seinen Betrachtungen, und, weil er so sehr demütig geworden war, hielt er sich für den geringsten aller Menschen auf Erden. Als Bruder Jakob von Fallerone ihn einmal fragte, warum er stets in gleicher Weise jubiliere, antwortete er voller Freude, wenn man in einer Sache alles Glück gefunden habe, schwinde das Bedürfnis, die Weise zu ändern.[8]

Solange der Mensch Gott nicht erfahren hat, weiß er viel über ihn zu sagen. Wenn er ihn erfahren hat, weiß er nichts mehr zu sagen. Seine bisherigen Konzepte stimmen nicht mehr. In Indien gibt es die »Ragas«. Raga heißt wörtlich »Leidenschaft«, Grundmelodie. Jede Tageszeit hat eine bestimmte Raga. Vor allem ist es die Silbe OM, die in die Einheit mit dem Göttlichen führen soll. Manchmal wird auch eine Einleitung zum Tönen gesprochen:

Klug wie du bist, o mein Verstand, der du alles über Ragas weißt, die Worte und ihre Bedeutungen und die Nuancen der Sprache, aber täusche dich nicht selbst! Denn dieser Erste Klang ist so tief für uns, unergründbar und jenseits aller Kenntnis. Um ihn zu erfassen, brauchst du kein Wissen, sondern Gnade.[9] *– Wenn wir auf der Bühne sitzen, sind wir vollkommen blank. Wir wissen nicht, was wir tun sollen. Und manchmal kommen wir in eine Stimmung und wir singen drei und vier Stunden , die uns wie fünf Minuten vorkommen. Wir wissen nicht, wie viel Zeit vergangen ist.*[10]

Rückkehr in die Ganzheit

Die Biologie sagt uns, dass die Information für den ganzen Menschen in der einzelnen Zelle zu finden ist. (Das Gesetz ›pars pro toto‹ wird damit bestätigt.) Aus der Euterzelle eines Schafes hat man ein neues Schaf geklont. Die Physik bestätigt uns das Gleiche im Hologramm. In jedem kleinsten Bildabschnitt ist das ganze Bild enthalten. Der Mensch ist eine Einheit von Leib, Seele und Geist. Es ist möglich, durch das Bewusstwerden unserer Zellen in den transersonalen Raum vorzudringen, wo wir uns als Einheit erfahren. Die Unterteilung in Körper, Psyche und Geist fällt weg. Dass wir den Menschen überhaupt so einteilen, ist bereits ein Ergebnis des Denkens und nicht des Erfahrens. Erfahren können wir uns immer nur als Ganzes. Denken können wir uns als »Dreiheit«. Eins sind wir dann, wenn unser tiefstes Wesen in Leib, Seele und Geist transparent geworden ist. Das Maß der Durchlässigkeit bekundet das Maß der Reife. Ein Mensch, der kerngesund und fit ist, muss deswegen keineswegs durchlässig sein für sein tiefstes Wesen. Dass der Tropfen im Meer ist, lässt sich leicht erkennen, dass aber das Meer im Tropfen ist, erfährt nur der Mystiker. Die Durchgeistigung der Materie ist ein wichtiger Punkt in der Evolution. Hinter allem steht ein umfassendes Bewusstsein, das sich in der Geistwerdung der Evolution offenbart.

Die geheimnisvolle Struktur des Universums ist Selbsttranszendenz

Arthur Koestler spricht vom »Holon«. Ein Holon ist auf der einen Seite etwas Ganzes und auf der anderen Seite Teil von etwas Größerem. Ein Atom ist ein Holon, ein Ganzes, integriert sich aber in die Zelle. Nichts ist ausschließlich ein Teil oder ausschließlich ein Ganzes. Es gibt nichts, was entweder – oder wäre. Ein Holon hat zwei Tendenzen: Es muss sowohl für seine Ganzheit als auch für sein Teil-Sein einstehen. Es muss seine Identität aufrechterhalten, sonst verschwindet es. Es muss aber auch seine Beziehung zum Ganzen aufrechterhalten. Je mehr es zu einer Seite neigt, umso stärker verliert es die andere Seite. So sind wir ein Holon, das offen zu sein hat für mehr. Denn diese Offenheit zum Ganzen hin reicht auch ins Geistige und Spirituelle hinein. Es gibt nur dieses eine Bewusstseinsfeld, das sich in der jeweiligen physischen, psychischen, mentalen und transmentalen Struktur offenbart. Dieses innerste Transzendenzbedürfnis bleibt im Materiellen nicht stehen. Selbsttranszendenz ist das Urphänomen der Evolution. So bilden sich immer neue Holons, in denen Bewusstsein immer umfassender evolutioniert. Wir sind einbezogen in diese Tendenz zur Selbsttranszendenz. Diese Welt ist das Spiel dessen, was wir Gott nennen. Im Grunde genommen haben wir nur gute Mitspieler zu werden.

Die Weisheit unseres Körpers

Die meisten physischen und psychischen Blockierungen lassen sich auf eine durch Störungen der Einheit verursachte Behinderung zurückführen. Es ist kein Fluss zwischen den Ebenen Materie, Psyche und Geist. Gebärden können uns helfen, durchlässiger für unseren Wesenskern zu werden. Wenn uns das gelingt, werden wir nicht nur in der rechten Weise in der Gebärde da sein, sondern auch in der rechten Weise im Leben. Einüben in eine Gebärde ist Einüben ins rechte Dasein in der Welt. Sie beschert uns eine Erfahrung des raumhaften und gleichzeitig auch raumlosen Wesens unseres Menschseins. Der Mensch ist umso klarer, je mehr sein Innerstes durch Psyche und Körper scheint. Es gilt die Weisheit unseres tiefsten Wesens zu entdecken, die sich in unserer ganzen Persönlichkeit ausdrückt. Dieses unser tiefstes Wesen ist die göttliche Dynamik selbst. Aufgabe der Gebärden ist es, den Menschen in Bewegung zu setzen und nach oben und nach unten in eine pulsierende Einheit zu führen. Eckhart wusste das:

Darum sagen unsere Meister der Naturlehre, der Leib sei viel mehr in der Seele als die Seele im Leibe: So wie das Fass mehr den Wein enthält als der Wein das Fass, so hält die Seele den Leib mehr in sich als der Leib die Seele.[11]

Gebärden und Emotionen

Seelische Bewegungen gehen mit körperlichem Ausdruck einher und umgekehrt. »Es sind so lange keine Gefühle vorhanden, so lange der Körper keine Gebärden zeigt«, meint Feldenkrais. Mehr und mehr kommt man zu der Überzeugung, dass Veränderungen im Leben auch im Körper wahrgenommen werden müssen. Wenn eine Veränderung nicht Psyche und Körper erfasst, ist die Wandlung nicht von Dauer. Der Mensch erfährt z. B. Trauer auch in seinem Körper. Es drängt ihn zur Klage und zu klagenden Gebärden. Heute werden Gebärden vielfach durch mentale Inhalte ersetzt. Gefühle werden dadurch verdrängt. Das bedeutet eine geistige Verunsicherung: Menschen sind sich nicht mehr im Klaren, ob sie etwas fühlen. Gebärden können mit tiefem seelischem Erleben einhergehen. Gefühle, die unter-

drückt werden, bevor sie sich äußeren können, werden zu Immotionen. Die Gefühle verkümmern.

Die Möglichkeit der Selbsterfahrung und
Selbstentfaltung liegt in uns wie in jedem
Samenkorn. Es gilt, dessen innezuwerden,
dass wir mehr sind, als wir bis jetzt von
uns geglaubt hatten; dass alle Bilder der
großen Religionen, die vom göttlichen
Funken im Menschen handeln, wahr sind;
dass wir räumliche und zeitliche Grenzen
überschreiten können, um diese göttliche
Wirklichkeit zu erfahren. Wir gelangen
dann in die unendliche Bewegung des
Lebens, die letztlich die Dynamik des
Göttlichen selbst ist.

Der weibliche Aspekt der Gebärden

Wer den kontemplativen Weg der Gebetsgebärden geht, erfährt eine Stärkung der Verbundenheit und Gemeinschaft, selbst dann,
wenn er die Gebärden allein macht. Die
meisten Gebärden wecken eine Haltung von
Offenheit und Hingabe. Sie wecken und stärken Qualitäten im Menschen, die wir als
weiblich einstufen. Der kontemplative Weg
der Gebärden hat etwas mit weiblicher Spiritualität zu tun. Wenn hier von weiblichen
Elementen gesprochen wird, dann hat das
mit Mann und Frau zu tun. Beide Geschlechter haben ein Defizit zu verzeichnen.

31

Unser Bewusstsein hat sich im Laufe der Evolution außerordentlich stark in das hineinentwickelt, was wir männliche Wesenszüge nennen. Unterscheidung, Logik, Abgrenzung, Durchsetzungsvermögen, brutale Dominanz, Macht, Kampf. Das hat uns im Laufe der Entwicklung in der Selbstbehauptung unter vielen bedrohlichen Konkurrenten geholfen und hat so die Strukturen unserer Gesellschaftsordnung geprägt. Aber die Dominanz des Personalen hat andere wichtige Elemente unsres Menschseins verkümmern lassen. An dem Punkt, an dem sich unsere Menschwerdung momentan befindet, spielen Ich-Gier, narzisstisches Verhalten, Machtanspruch noch eine zu dominierende Rolle. Das äußert sich im Besitzenwollen, in Verteilungskämpfen, im Etwas-sein-Wollen, im sexuellen Begehren. Es trägt geradezu autistische Züge. Weibliche Elemente haben in unserer Entwicklung innerhalb der Gesellschaft kaum gestalterischen Einfluss entwickeln können.

Mehr weibliche Elemente könnten unser menschliches Zusammenleben sehr erleichtern. Sie sind in der patriarchalen Zeit überfremdet worden, vielleicht müssen sie aber auch erst neu entwickelt werden. Weiblichkeit ist verbunden mit Intuition, mit Fühlen, mit Offenheit und ganzheitlichem Erfassen, mit Schauen, Empfinden, Zuwendung, Kommunikation, Fürsorglichkeit, Hingabe und Liebe. Vorsorgende und fürsorgende Qualitäten werden in unserer Gesellschaft zu wenig anerkannt, um nicht zu sagen herabgesetzt. Genau diese Qualitäten aber können die Gebärden zur Entfaltung bringen. Sie lassen Offenheit, Hingabe, Umarmung, Friedfertigkeit im Menschen im wahrsten Sinne des Wortes Gestalt werden. Die Wirkung der Gebärden beruht auf den entsprechenden Körperhaltungen, die zu einer Kohärenz der beiden Gehirnhälften führen. Es wird vor allem die rechte Gehirnhälfte angesprochen, die laut Untersuchungen mehr mit den weiblichen Wesenzügen verbunden ist. Eine Gebärde der Hingabe und Umarmung am Morgen dämpft aggressive Grundstimmungen. Eine Gebärde der Umarmung kann zu einer friedfertigen Haltung in den Auseinandersetzungen des Alltags führen.

Es geht um eine Umorientierung der Gesellschaft vom narzisstischen Ego-Bereich in den Wir-Bereich, dem die weibliche Weltsicht eine größere Bedeutung beimisst. Das reicht von Fürsorge, Achtung von Mensch und Natur, Zuhörenkönnen, Gruppengefühl, Freude an der Gemeinschaft, Empfänglichkeit und Hingabe bis hin zu einer fairen Marktwirtschaft und einer Sozialisierung des Kapitalismus. Kreativität, Freude am Leben, an schönen Dingen wie Kunst, Gestalten und andere belebende Aspekte könnten die dürre Landschaft des Alltags verschönern.

Die genannten Qualitäten sind bisher kaum in unsere Gesellschaftsstrukturen eingegangen. Es sind Qualitäten, die wir alle rudimentär besitzen, die in der Frau auch wohl stärker ausgebildet sind. Sie sind überlagert von männlich-psychischen Zügen. Diese männlichen Züge waren unglaublich erfolgreich. Aber wir spüren heute sehr deutlich, dass der rationale, subjektive Bereich nicht alles sein kann. Es scheint, dass der Mensch die mentale Stufe voll ausgelotet hat und dass er sich ihrer lebensvernichtenden Gefahr bewusst wird, wenn sie nicht durch ergänzende Kräfte kompensiert wird.

Kooperation statt Konkurrenz

Evolution hat offensichtlich viel mehr mit Kooperation zu tun als mit Konkurrenz und gnadenlosem Selektionsdruck. Wer kooperieren konnte, wer sich anpassen konnte, überlebte eher. Man erkennt, dass der Darwinismus zu einseitig war. Das darwinistische "Survival of the fittest" (Überleben des Stärksten) stimmt offensichtlich nicht ganz. Das Ökosystem eines Planeten aufzubauen und über Jahrtausende aufrechtzuerhalten, ist nicht durch Konkurrenz sondern durch Kooperation möglich geworden. Das Biotop hat mehr Überlebensschancen als der Einzelne.

Was können wir tun, um den weiblichen Kräften in uns und in der Menschheit mehr Raum zu geben? Es bleibt dabei, dass wir das übergewichtig gewordene Rationale in uns zu ergänzen haben. Die entscheidende Hilfe scheint mir aus dem transmentalen Bewusstseinsraum zu kommen, in den die kontemplativen Gebärden

führen wollen. Je tiefer der Mensch in diesen Bewusstseinsraum eindringt, desto mehr sieht er das Ganze und Eine und er erlebt eine ans Wunderbare grenzende Öffnung zum anderen hin. Je tiefer die Erfahrung, desto größer das Mitgefühl. Mitgefühl bedeutet hier ein alles einbeziehendes Wohlwollen, das wir im Westen Agape nennen, Liebe. Diese Öffnung zum anderen hin, ist das deutlichste Kennzeichen für die Echtheit einer mystischen Erfahrung. Es bricht im Menschen eine alles umfassende Liebe zu allem und jedem auf. Das hat nichts mit Sentimentalität zu tun und auch nicht mit einer Verweiblichung des Mannes, wie sie von manchen Psychologen an die Wand gemalt wird. Es klingt da vielmehr etwas aus dem Hohenlied der Liebe (8,6/7) an:

Stark wie der Tod ist die Liebe, die Leidenschaft ist hart wie die Unterwelt. Ihre Gluten sind Feuergluten, gewaltige Flammen. Auch mächtige Wasser können die Liebe nicht löschen; auch Ströme schwemmen sie nicht weg. Böte einer für die Liebe den ganzen Reichtum seines Hauses, nur verachten würde man ihn.

Weisheit und Agape sind die Grundpfeiler jeder Erfahrung, die über den personalen Rahmen hinausgeht. Es gibt keinen wirklichen Fortschritt auf dieser Welt, ohne die Entfaltung dieser Grundtendenz der Evolution. Ich nenne sie Selbsttranszendenz, die mit Überschreitung der Egozentrierung einhergeht. Es gehört wesentlich zur Selbsttranszendenz, auch das zunächst als feindlich Erlebte anzunehmen.

Wir werden das als Menschen nicht mit einer oberflächlichen Korrektur unserer Gesellschaft erreichen. Der Wandlungsprozess muss aus einer größeren Tiefe kommen. Es scheint mir daher wichtig zu sein, unseren Wesensgrund zur Entfaltung zu bringen, der empfangend und gebärend ist und auf Kommunikation und Verständigung zielt. Er bringt mehr Vertrauen in das weibliche Geschlecht und auch in weibliche Qualitäten, die letztlich auch der Mann entwickeln muss. Das würde zu einer Beendigung des sinnlosen Geschlechterkampfes führen, zur Aufwertung spezifisch weiblicher Eigenschaften in der Gesellschaft, zur Rücknahme der Überbetonung männlicher Werte und zu einer Aufdeckung der Diskriminierung der Frau und der weiblichen Elemente in Erziehung und Gesellschaft. Auch die kontemplativen Gebärden werden keine Wunder wirken, aber unserer Erfahrung nach haben sie eine anhaltende Wirkung und tragen zur Wandlung eines einseitigen Selbstbildes der Geschlechter bei.

Aufmerksamkeit

Aufmerksamkeit ist wohl die schwerste, aber auch wichtigste asketische Übung

Sie ist eine ständige Unterbrechung der Ichbefriedigung. Der Mensch fließt nicht mehr mit dem Strom der Gewohnheit. Er überlässt sein Bewusstsein nicht dem willkürlichen Lauf. Dieser willkürliche Lauf ist es, der uns die Tiefen verschließt. Wir werden mit der Übung der Aufmerksamkeit in unser wahres Selbst geführt – also vom Ich weg – und so werden wir nicht mehr von egoistischen Denkweisen beherrscht. Auch andere asketische Übungen und Entbehrungen mögen zeitweise notwendig sein, wie Entzug von Schlaf, von Komfort, Nahrung usw. Sie sollen den Zugang zu unseren tieferen Schichten erleichtern. Aber um in Kontakt zum wahren Leben zu kommen, scheint diese Übung der Aufmerksamkeit von größter Bedeutung. Essen und Trinken loben Gott, wenn es in der rechten Weise geschieht, genau so wie fromme Gebete, wie die folgende Geschichte zeigen will.

Ein Abé fragte einen Sufi, wie er sich vorbereite auf das Gebet, vielleicht durch Fasten?
»Aber nein«, antwortete ein junger Derwisch lachend, »wir essen und trinken und loben Gott, der dem Menschen Essen und Trinken geschenkt hat.«
»Und auf welche Weise?« beharrte der Abé.

»Tanzend«, antwortete der Derwisch mit dem langen, weißen Bart.
»Tanzend?« frage der Abé. »Warum?«
»Weil Tanzen das Ich ausschließt«, meinte der alte Derwisch.
»Wenn das Ich erstorben ist, gibt es kein Hindernis, sich mit Gott zu vereinen.«[12]

Achtsamkeit – Achtsamkeit – Achtsamkeit

Es gibt eine Geschichte von Meister Ikyu, zu dem ein Mann aus weiter Ferne kam, um ihn um einen Rat fürs Leben zu bitten.

Ikyu nahm ein Blatt und schrieb darauf »Achtsamkeit«. Der Mann meinte: »Das ist wenig, kannst du nicht noch etwas hinzufügen?« Ikyu schrieb: »Achtsamkeit, Achtsamkeit«. Da wurde der Mann böse und beschwerte sich: »Ich habe so viel Geld ausgegeben, ich komme von weit her, um diesen bedeutenden Meister zu sehen. Füg bitte noch etwas hinzu!« Ikyu schrieb: »Achtsamkeit, Achtsamkeit, Achtsamkeit«. – Achtsamkeit ist das Tor in die Erfahrung der Wirklichkeit.

Für die meisten Menschen existiert der Körper vollkommen unabhängig von ihrem tiefsten Wesen. Andere vernachlässigen ihn ganz bewusst. Manchen scheint er sogar ein zu überwindendes materielles Äußeres, ja ein Hindernis zu sein. Der Körper ist ein Produkt unseres Geistes und steht in enger Verbindung mit ihm. Unser Geist schuf diesen Körper, in dem er sich ausdrückt. Unser Körper bildet mit dem Geist eine Einheit. Er ist gleichsam materialisiertes Bewusstsein, er kann zum Weg nach innen werden.

Nun will ich (noch) etwas sagen, was ich (noch) nie gesagt habe. Gott schmeckt sich selbst. In dem Schmecken, in dem Gott sich schmeckt, darin schmeckt er alle Kreaturen. Mit dem Schmecken, mit dem Gott sich schmeckt, damit schmeckt er alle Kreaturen nicht als Kreaturen, sondern die Kreaturen als Gott. In dem Schmecken, in dem Gott sich schmeckt, in dem schmeckt er alle Dinge.

Meister Eckhart[13]

Alle Dinge schmecken nach Gott

Ein zeitgenössischer Schriftsteller hat vielen Menschen unserer Tage aus der Seele gesprochen, indem er schreibt:

Wenn es also diesen Fehler tief drinnen gibt, was ich mir schon immer gedacht habe, dass es einmal anfangen würde, das Leben, bevor das Alter käme, also – es ist nur das Alter gekommen, nicht das Leben.

Wir sind durchtränkt von der Idee, es gäbe eine bessere Welt. Wir meinen, es müsse eine Alternative zum Hier und Jetzt geben, das uns offensichtlich nicht genügt. Wir fordern eine andere Schöpfung – die jetzige hat zu viele Unvollkommenheiten. Sie ist, um es deutlich zu sagen, das Werk eines Stümpers. Hätte diese Erste Wirklichkeit, die wir Abendländer seit einigen tausend Jahren »Gott« nennen, nicht etwas Besseres bieten können? Wir sind von dem Wahn erfüllt, dies alles sei nur vorläufig. Wir fügen uns nicht ein ins kosmische Geschehen, wir wehren uns gegen dieses scheinbare Ausgeliefertsein an Leid, Not, Tod und Herkunft. Die Evolution ist übersät von Hekatomben von Leichen. Geboren werden und Sterben ist die Struktur der Ersten Wirklichkeit. Die Religionen bestärken uns in einer falschen Auffassung von der Welt. Das Eigentliche – sagen sie – kommt erst noch. Im Himmel, später, nach dem Tod kommt die heile Welt. Hinzu kommt die Moralvorstellung, als ob es ein »falsches« Sein geben könnte. Religion unterwirft die Evolution der Moral. Auch die Psychologie ist in Gefahr, uns das Heil zu versprechen: Wenn du dich von allen dich beherrschenden, täuschenden Bildern und deinem Überich gelöst hast, bricht das volle Leben an, sagt sie. Aber das Geheimnis der Unsterblichkeit ist nur im Augenblick zu finden, oder es ist überhaupt nicht zu finden.

Du meinst, du wirst Gott sehen und sein Licht. Oh Narr, du siehst ihn nie, siehst du ihn heute nicht.«

Angelus Silesius

Wenn das Geheimnis der Unsterblichkeit im Augenblick liegt, heißt das, es liegt in der Realisierung der Wirklichkeit, in der Realisierung dessen, was ist.
Die Frage, die heute so dringend gestellt wird, bleibt. Warum tappen wir sechzig, siebzig, achtzig Jahre auf diesem absolut unbedeutenden Staubkorn am Rand des

Weltalls herum? Das ist die eigentliche Frage, die den Menschen bewegt. Er kann sie lange verdrängen. Sie taucht bestimmt auf, spätestens in der Konfrontation mit Leid und Tod. Seit die Spezies Mensch Geist entwickelt hat, fragt sie nach dem Sinn ihres Daseins und nach dem Woher und Wohin. Die Vertröstung auf eine spätere Glückseligkeit, auf Wiedergeburt, auf Nirvana oder Auferstehung haben den meisten Menschen lange genügt. Aber unser Weltbild hat sich geändert. Wir erkennen, dass wir auf einem absolut unbedeutenden Staubkorn im Weltall ein sehr unsicheres Dasein führen. Eine Kollision mit einem Asteroiden kann uns auslöschen. Abgesehen davon, dass diese Spezies Mensch nach Erkenntnis der modernen Naturwissenschaften sicherlich noch vor dem endgültigen Kollaps des Weltalls aussterben wird. Die Religionen haben versucht, dem Menschen auf diese wesentlichen Fragen Antwort zu geben. Sie haben Hoffnungsbilder entworfen: Himmel, Nirvana oder Wiedergeburt. Sie vertrösten auf das Morgen. Auch der Wiedergeburtsgedanke ist ein Hoffnungsbild. Er degradiert Gott zu einem Schulmeister, der uns am Ende sagt: »Noch einmal, du hast das Klassenziel nicht erreicht«. Selbst wenn wir die Klasse tausendmal wiederholen würden, was würden – wenn wir 80 Lebensjahre annähmen – diese 80.000 Jahre bedeuten im Vergleich zu Zeiträumen von fünfzehn, sechzehn Milliarden Jahren, die unser Kosmos schon existieren soll?

Vom Ich zum wahren Wesen

Religionen sind wie Glasfenster, die uns etwas von dem Licht zu zeigen versuchen, das sie erleuchtet. Aber wir sind geneigt, die Glasfenster zu fixieren und nicht hinter diese Glasfenster zu schauen. Im Grunde ist der Weg des Menschen ein Heimweg zu seinem wahren Wesen. Wir haben unser wahres Wesen nicht verloren, es ist unsere tiefste und eigentliche Quelle. Immer geht es darum, an diese Quelle heranzukommen. Alle Mystik sagt : »Es ist hier und jetzt«. Angelus Silesius dichtet daher:

H alt an, wo läufst du hin?
Der Himmel ist in dir.
Suchst du Gott anderswo,
du fehlst ihn für und für.

Caussade, ein französischer Mystiker aus dem 16. Jahrhundert, prägte das Wort vom »Sakrament des Augenblicks«. Es ist das Ursakrament, der Ort der Begegnung mit der Ersten Wirklichkeit. Caussade schreibt in seinem kleinen Büchlein »Hingabe an Gottes Vorsehung«:

G ott weilt wahrhaft an diesem Ort, und ich wusste es nicht«, sprach einst Jakob. »So suchst auch du Gott, dabei ist er überall. Alles verkündet ihn dir, alles schenkt ihn dir. Er geht dir zur Seite, er umgibt dich, er durchdringt dich, er weilt in dir, und du suchst ihn! Du bemühst dich um eine Vorstellung von Gott, besäßest ihn dabei wesentlich. Du jagst der Vollkommenheit nach, indes er in allem liegt, *was dir ungesucht begegnet. In der Gestalt deiner Leiden, deines Tuns, deiner Antriebe, die du empfängst, da tritt Gott dir entgegen. Derweil bemühst du dich umsonst um erhabene Vorstellungen, mit denen er sich nicht bekleiden will.*

Und er fügt hinzu:

Offenbart sich uns diese göttliche Liebe nicht in allen Geschöpfen und in allen Geschehnissen dieses Lebens? Wissen wir nicht, dass sich die göttliche Liebe durch alle Geschöpfe und Ereignisse mit uns vereinigen will? Dass sie nur deswegen alles, was uns umgibt und uns zustößt, hervorruft, anordnet oder erlaubt, damit wir zu dieser Vereinigung gelangen, die allein sie bezweckt. Wenn es sich aber so verhält, was steht dann noch im Wege, dass jeder Augenblick unseres Lebens Kommunion mit dieser göttlichen Liebe ist?

Hier und jetzt, und nur hier und jetzt ist diese Kommunion mit der Ersten Wirklichkeit möglich. Das ist die Botschaft aller Mystik.

Gott ist eine Symphonie

Eine Symphonie, die als das erklingt, was wir »Evolution« nennen. Er hat sie sich nicht komponiert und spielt sie sich jetzt vor und dirigiert ein bisschen – er erklingt als diese Symphonie. Die Symphonie heißt Gott: Nichts ist ausgeschlossen, auch nicht Leid, psychische oder physische Defizite. Das ist die eigentliche mystische Erfahrung. Es sprudelt die Quelle des Lebens im gegenwärtigen Augenblick, im Sakrament des Augenblicks.

Diese Quelle fließt ständig«, sagt Causade, »warum nach Rinnsalen Ausschau halten?

Gott hat aufgehört, Gegenstand und Vorstellung zu sein. Er ist nichts als Ursprung und Quelle im Hier und Jetzt. Wir Menschen trauen dem nicht. Wir hängen uns lieber an den Rockzipfel von Erlösern. Aber ein spiritueller Führer, der uns nicht zu dieser Quelle führt, ist ein Scharlatan. Die Weisen unserer Erde wollten nicht verehrt werden. Sie haben uns vielmehr einen Weg gezeigt, den auch wir gehen sollen. So dichtet Kabir:

Oh du, der du mir dienst, wo suchst du mich? Siehe ich bin bei dir. Ich bin weder im Tempel noch in der Moschee, weder in Kaaba, noch auf dem Kailash,« – ich könnte hinzufügen: auch nicht in Jerusalem und in Rom – *»weder bin ich in Riten und Zeremonien, noch in Yoga oder Entsagung. Wenn du ein wahrhaft Suchender bist, wirst du mich sogleich sehen. Mir begegnen im gleichen Augenblick. Kabir sagt: Oh Saddhu, Gott ist der Atem allen Atems.*[14]

Der Mensch – ein homo religiosus

Wir sollen Gott erkennen, erleben, erfahren im Gehen, im Stehen, im Putzen, im Kochen, im Lesen, im Musikhören, auch in dem, was wir »Leid« nennen. Der Weg führt nicht unbedingt durch das, was der Mensch »Glück« nennt. Der Weg des Heiles führt auch durch Not, Krankheit, Probleme aller Art, durch Tod und Unterwelt. Kabir dichtet:

Ich lache, wenn ich höre, dass den Fisch dürstet im Wasser. Du siehst nicht, dass zu Hause die Wirklichkeit ist, und du wanderst von Wald zu Wald, lustlos. Hier ist die Wahrheit. Geh hin, wo immer du willst, nach Benares oder nach Matura. Wenn du die eigene Seele nicht findest, bleibt dir die Welt unwirklich.

Der Mensch ist ein homo religiosus. Er kann gar nicht anders als religiös sein: Der Vollzug seines Menschseins offenbart das göttliche Urelement. »Religiös« meint hier nicht das Bekenntnis zu einer Konfession. Es geht vielmehr um die Erfahrung des Menschen als Teilhaber am göttlichen Kern. Der Mensch ist gleichsam ein Ast am Baum Gottes. Den Ast kann man eigens ansprechen, aber in Wirklichkeit ist er Baum. Der Baum spricht sich in seinen Ästen und Wurzeln aus. Es gilt, hinter all die Dimensionen und Strukturen zu schauen, als die sich diese Erste Wirklichkeit, die wir Gott nennen, offenbart.

Das spricht nicht gegen Religion. Aber Religionen sind Modelle, die versuchen, uns die Welt und uns selbst zu deuten. Ein wissenschaftliches Modell wird ständig verändert und verbessert. So muss auch eine Religion ihre Modelle verbessern und muss die Bücher, die heiligen Bücher für die jeweilige Zeit, für das Hier und Jetzt ausdeuten. Wir Menschen brauchen nach wie vor Rituale und Zeremonien. Wir wollen ja feiern, was wir zutiefst sind. Religion kann dem Menschen auch die Sicht

auf die Wirklichkeit verstellen. Die Seher, Mystiker und Weisen der Religionen haben das Göttliche in den Dingen geschaut. Sie blieben in der Welt. Sie hatten einen direkten Zugang zum Wesen der Dinge, die ihnen das Göttliche offenbarten. Wer ein Glaubensbekenntnis verabsolutiert, isoliert den Menschen in eben diesem Bekenntnis. Er wird gehalten, Gott und die Welt in Begriffen und Konzepten zu erkennen. Das Bekenntnis kann die Sicht auf die Wirklichkeit verstellen. Wer nur den Standpunkt des Glaubens einnimmt, geht leicht mit Vorurteilen durch die Welt.

Eckhart mahnt uns, Gott im Vollzug des Lebens zu erfahren:

So sollen auch wir in allen Dingen bewusst nach unserem Herrn Ausschau halten. Dazu gehört notwendiger Fleiß, man muss sich's alles kosten lassen. Wenn man nur mit den Sinnen und Kräften zu leisten vermag, dann wird's recht mit den Leuten; sie ergreifen Gott in allen Dingen und sie finden von Gott gleichviel in allen Dingen. Alle Dinge schmecken nach Gott«. »Wer Gott so, (d. h.) im Sein hat, der nimmt Gott göttlich, und dem leuchtet er in allen Dingen; denn alle Dinge schmecken ihm nach Gott, und Gottes Bild wird ihm aus allen Dingen sichtbar.[15]

Aber dies, so meint Eckhart, kann der Mensch nicht durch Fliehen lernen, in der Einsamkeit, nicht indem er vor den Dingen flüchtet.

Transkonfessionelle Religiosität

Man kann heute meditative Zustände messen. Wenn der Mensch in das Stadium der Versenkung eintritt und es durchläuft, treten neurophysiologische und gehirnphysiologische Phänomene auf. Diese physische und psychische Korrelation wird in Zukunft noch besser erforscht werden. Es wird auch die Erkenntnis wachsen, dass die eigentliche Matrix, die hinter allem steht, Geist ist.

Wir gehen einer ganz neuen Religiosität entgegen – einer transkonfessionellen Religiosität. Das heißt nicht, dass wir Konfessionen ablehnen müssen. Auch Bilder sind eine Möglichkeit der religiösen Deutung. Sie sind Modelle, in denen Religion anschaulich gemacht wird. Was wir Gott nennen, erschließt sich dem Verstand in Bildern und Konzepten. Es besteht jedoch die Gefahr der Idolatrie, weil der Mensch geneigt ist, Bilder, Dogmen und Vorstellungen anzubeten. Im Grunde genommen geht es auf einem spirituellen Weg um eine Bewusstseinserweiterung. Es wird nichts abgeschnitten, vielmehr wird das Bewusstsein über die rationale Kapazität hinaus erweitert – auch in der Religion. Wir haben eine »Empfänglichkeitsanlage« zu schaffen, wie Eckhart sagt, dieses ganz Andere zu erleben und uns selbst als dieses ganz Andere zu erleben.

Das, was begriffen werden kann, ist nicht das Wesen des Unbegreiflichen. Das ganz Andere erschließt sich uns im Erfahren, das mehr Widerfahren ist. Wir sprechen dann von einer »Realisation der Ersten Wirklichkeit«. Wirklichkeit ist ein säkularer Begriff für Gott, Nirwana oder Atman. Das Wort »Religiosität« bekommt damit einen ganz neuen Inhalt.

Viele Menschen in Europa gehören keiner Religion mehr an. Eine große Zahl ist nicht mehr getauft. Unter diesen Menschen sind nicht wenige, die sehr religiös sind, aber keiner Konfession angehören wollen. Man kann durchaus ohne Konfession einen spirituellen Weg gehen. Denn jeder spirituelle Weg führt letztlich über die Konfession hinaus. Manche Menschen wenden sich den östlichen Praktiken zu und gehen zu Yoga, zu Zen, zu den Tibetern oder Sufis. Sie haben nicht vor, einer neuen Religion beizutreten und fühlen sich daher dort oft durch religiöse Formen irritiert. Ein spiritueller Weg über den Körper in der Weise der Gebetsgebärden, des kontemplativen Tanzes und des kontemplativen Gehens ist für manche bereits ein religiöser Weg geworden. Das 21. Jahrhundert wird ein Jahrhundert der Metaphysik und Mystik werden. Es wächst die Erkenntnis, dass unsere Ratio nicht das geeignete Instrument ist, um die ganze Wirklichkeit zu begreifen.

Geh' nicht in den Blumengarten

Kabir ermahnt uns:

Geh' nicht in den Blumengarten,
o Freund, geh nicht dorthin!
In deinem Körper ist der Blumengarten,
in deinem Sitz auf den tausend
Blütenblättern des Lotus.
Da bestaune die Unendlichkeit der
Schönheit«.[16]

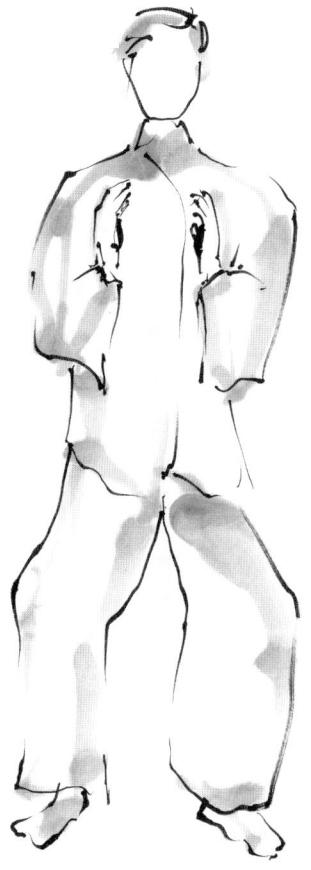

Gehe nicht in den Blumengarten der Esoterik! Geh nicht in den Blumengarten der Konfession, der Ideologie, der Philosophie, wenn sie dich dort festhalten wollen. In dir ist der Blumengarten. Nur in dir ist er zu finden. So gilt es, den Alltag als einen religiösen Vollzug zu zelebrieren, als einen Gottesdienst. Damit meine ich nicht ein elitäres Gehabe, ein feierliches Getue, damit meine ich den ganz gewöhnlichen Alltag. Jesus sagt im Thomas-Evangelium:

Spalte ein Stück Holz, und ich bin da.
Heb' einen Stein auf, du findest mich
dort.«[17]

Und Eno, der sechste Patriarch in China, schrieb einen Vers:

Wie wunderbar! Ich spalte Holz, ich
trage Wasser.

Was auch immer erscheinen mag, es ist der Tanz Gottes. Kabir drückt das in einem Gedicht aus:

Tanze, mein Herz, tanze heiter mit
Freude.
Die Melodien der Liebe füllen Tage und
Nächte mit Musik,
und die Welt lauscht ihren Melodien.
Außer sich vor Freude tanzen Leben
und Tod zu den Rhythmen dieser Musik.
Die Hügel tanzen, es tanzt die See und
die Erde.
Die Welt der Menschen tanzt in Lachen
und Tränen.

42

Warum das Gewand des Mönchs anzie-
hen und leben weitab von der Welt
In einsamem Stolz?
Siehe! Mein Herz tanzt im Entzücken
von hundert Künsten,
und der Schöpfer ist es zufrieden« [17].

Gott will nicht verehrt, er will gelebt werden

Das ist nicht gegen Religion, Philosophie, Theologie, Psychologie gesagt. Ganz im Gegenteil. Es geht um eine notwendige Ergänzung, eine Erweiterung. Was wir Gott nennen, wird zur Erfahrung und übersteigt jeden Kult. Leider haben die Menschen ihre Weisen auf die Altäre gehoben, um sie anzubeten, aber diese wollten nur einen Weg zeigen. So ging es Buddha, so ging es Jesus. Auch heute besteht die Gefahr, sich an einen Guru zu hängen und nicht an die Lehre, die er verkündet. Gott will nicht verehrt werden, Gott will erkannt werden. Gott will gelebt werden, hier und jetzt. Er ist der Prozess, der sich in uns und durch uns vollzieht. Dieses andere religiöse Selbstverständnis lehrt uns die Mystik.

Idris Shah, ein Sufi-Meister, fasst es in Worte:

Bis Schule und Minarett zerbröckeln, wird dies, unser heiliges Werk, nicht vollendet sein. Bis Glaube zur Verwerfung, Verwerfung zu Glaube wird, gibt es keinen wahren Muslim.

Und Eckhart sagt:

Der Mensch soll sich nicht genügen lassen an einen gedachten Gott; denn wenn der Gedanke vergeht, so vergeht auch der Gott. Oder er predigt: *Wollt ihr Gott erkennen, so müsst ihr dem Sohne nicht allein gleich sein, sondern ihr müsst der Sohn selbst sein.* [18]

Halladsch vermittelt seinen Mitgläubigen nichts anderes:

Meinst du, ich betete, um Ihn zufrieden zu stellen? ... Gebet ist für Liebende Unglauben! – Ungläubig ward ich nun für Gottes Religion: Mir ist Unglaube Pflicht – doch schlecht bei den Muslimen! Dann sprach er zu mir: »Kehre um und folge mir nicht; es könnte dir schaden«. [19]

Mit solchen Worten lehnen die Mystiker Religion nicht ab. Sie stehen ganz in ihrer Religion. Aber sie haben das Dogmatische und Konzeptuelle überschritten, ohne die Bedeutung von Religion zu mindern. Und sie haben erkannt, Gott vollzieht sich im Leben.

Mystik ist weltbejahend

Es ist Nonsens, von der Mystik als Weltflucht oder Regression zu sprechen. Echte Mystik führt in das Hier und Jetzt, führt in den Augenblick. Der westlichen Mystik haftet zum Teil das Image der Weltflucht und Weltverachtung an. Das gehört aber

43

keineswegs zum Wesen der Mystik. Eckhart macht das am Gleichnis von Maria und Martha klar. Nach ihm hat Martha den Weg vollendet. Sie ist aus der Ekstase zurückgekehrt in den Alltag. Nicht Maria hat das Ziel erreicht, sondern Martha, die im geschäftigen Alltag das erfährt, was Maria noch zu Füßen des Meisters zu erfahren sucht.

Rumi formuliert es so:

Wie die Feder ward mein Herz in des Liebsten Händen. Heute Nacht schrieb er ein ›Z‹, morgen schreibt er ein ›R‹ und er spitzt die Feder manchmal für Fraktur, manchmal für kursiv. Sagt dir die Feder: ›Ja, du weißt, wer ich bin. Ich füge mich‹. Dann schwärzt er manchmal ihr Gesicht, wischt das Haar damit ab. Manchmal hält er sie verkehrt und schreibt dann wieder: Wie die Feder ward mein Herz.[20]

Wenn Gott das Innerste des evolutionären Geschehens ist, dann sind wir eine Form, in der er sich ausdrückt.

Das neue Paradigma der Religion

Das alte Paradigma lautete: Wir sind menschliche Wesen, die eine spirituelle Erfahrung machen. Das neue Paradigma besagt: Wir sind spirituelle Wesen, die eine menschliche Erfahrung machen. Christlich ausgedrückt: Wir sind göttliches Leben, das diese menschliche Erfahrung macht. Wir sind göttliches Leben, das sich inkarniert hat, das Mensch geworden ist, das sich eingegrenzt hat in diese Form. Das ist die Botschaft von der Inkarnation Gottes in Jesus. Wie in Jesus ist dieses göttliche Prinzip in jedem von uns Mensch geworden und in jedem Wesen inkarniert. Das Universum ist nichts anderes als ein Bewusstseinsfeld, das sich immer wieder materialisiert. Das, was wir Gott nennen, ist das Kommen und Gehen, das Geborenwerden und Sterben; ist der Vollzug dieses göttlichen Bewusstseinsfeldes in diesem Augenblick. So haben wir im Grunde nichts anders zu tun als Mensch zu werden, Mensch zu werden mit all den Potenzen, die in uns angelegt sind, und gleichzeitig offen zu sein auf alles und jeden hin.

Einübung ins Körpergebet
Beatrice Grimm

Einleitung

Als mir Willigis Jäger vor zehn Jahren vorschlug, gemeinsame Kurse zum Thema »Ganzheitliches Beten« zu halten, fragte ich: »Was ist ganzheitliches Beten? Was ist Gebet?« Die Antwort war: »Präsenz — ganz gleichgültig, wo ich bin.« Und das gilt auch heute noch.

Es fällt mir schwer, Präsenz in einer Linie auf das Papier zu bringen. Gemeint ist etwas hinter den Buchstaben, hinter den Worten, hinter den Bildern. Man könnte auch sagen: darüber oder darunter. Es geht um eine andere Dimension, nicht irgendwo, nicht irgendwann. Immer hier und heute. Was ich hier zu beschreiben versuche, ist in der Arbeit mit einigen tausend Menschen, die in meine und in unsere Kurse gekommen sind, in all den Jahren langsam gewachsen. Viele fragen: »Kann ich das nicht einmal lesen, was du sagst?« Aber das, was die Menschen anrührt, kommt jeweils im Augenblick aus dem Herzen zur Unterstützung einer Situation.

Präsenz wird bestimmt durch die Wirklichkeit, die ich in diesem Augenblick mit all meinen Sinnen wahrnehme: hörend, tastend, sehend, schmeckend, riechend und die Wahrnehmung des Raumes. Davon gehe ich aus.

Aber die Sinne sind trügerisch. Ein französischer Professor in Toulouse hat es sich zur Aufgabe gemacht, die Franzosen wieder die Kultur des Essens zu lehren. Es wird erzählt, er habe mit Studenten folgendes Experiment durchgeführt: Auf einem Tisch steht ein durchsichtiges Glas mit einem wunderbaren süssen, schmackhaften, frischen Orangensaft. Dann schaltet er ein Blaulicht ein, und der Orangensaft sieht eher gräulich aus wie Abwaschwasser. Und derselbe frische, süße

Orangensaft schmeckt den Studenten jetzt wie Abwaschwasser. Wir nehmen meistens nur wahr, was wir kennen.

Ist es möglich, durch unsere Sinne zu erfahren, was jenseits der Sinne ist? Erfahrung selbst ist nicht teilbar. Aber der Weg über die Sinne, über den Körper, der uns Menschen in die Erfahrung führt, ist mitteilbar. Es gibt keine spirituelle Erfahrung, die von unserem jetzigen Sosein getrennt ist. Es gilt, einzutauchen in dieses Sosein: Wahrnehmen, spüren im weitesten Sinne. Das Spüren selbst ist schon Desidentifikation von Gedanken, Emotionen, die uns manchmal fest im Griff haben.

Spüren, wie ich höre: das Geräusch der Tastatur meiner Schreibmaschine, die Vögel in den Bäumen, eine Nachbarin, die einen Nagel in die Wand klopft – mein Herz, das klopft – der Atem – das Rauschen des Blutes. Dieses ganz konkrete innere und gleichzeitig äußere Hören greift über in den Tastsinn. Ich ertaste meinen Atem, meinen Herzschlag, gleichzeitig die Finger auf der Tastatur, die warmen Hände, die Sitzknochen, die Füße auf dem Boden, das Durchströmen des Blutes, die Grenzen der Haut, den Raum unter mir – gleichzeitig den Raum um mich herum, den Raum in mir, meinen Bauch, meine Herzensmitte. Ein Hahn kräht, es ist, als würde ich es durch meine Haut wahrnehmen. – Das Tanzen der Finger auf der Tastatur, – bin ich das? *Wer bin ich eigentlich?* Wer bin ich wirklich? Bis heute ist mir keine wichtigere

Frage begegnet. Es ist gleichzeitig die Frage nach meinem tiefsten Wesen, die Frage: »Was ist Gott?« Solche Fragen können nur aus einer tieferen Ebene des Bewusstseins beantwortet werden. Die Überaktivität des Ich und des Verstandes, des Machens und des Leistens entfernt uns immer wieder von dieser Frage. Es ist Achtsamkeit auf diesen Augenblick, diesen Atemzug, diese Körperhaltung und diesen Schritt im Hier und Jetzt, die uns zur Ruhe bringen kann. Durch die Ruhe, durch die Stille in uns, kommen wir der Antwort dieser Fragen näher. Manchmal lädt uns auch eine äußere Stille ein in etwas einzutauchen, was jenseits unseres Wissens liegt. Die meisten Menschen erfahren die innere Stille oft unwissentlich morgens aus dem Schlaf kommend ganz natürlich als ruhevolle Wachheit.

Es ist ein körperlich wahrnehmbarer Zustand zwischen Schlafen und Wachen, der durch Achtsamkeit verlängert werden kann, sodass er uns in den neuen Tag hineinbegleitet. Meistens wird dieser Zustand durch allerlei Aktivitäten gleich abgebrochen. Ihn verlängern heißt, diese Wachheit, die schon da ist, die aber noch ruht, wahrzunehmen, zuzulassen und zu genießen. Dieser Genuss ist vielleicht ein Hauch von dem, was Meister Eckhart meint:

Es gibt ein Etwas in der Seele, aus dem Erkenntnis und Liebe ausfließen ... Wer dieses (Etwas) kennen lernt, der erkennt,

46

worin die Seligkeit liegt. Es hat weder Vor noch Nach, und es wartet auf nichts Hinzukommendes, denn es kann weder gewinnen noch verlieren. Deshalb ist es auch des Wissens darum, dass Gott in ihm wirke, beraubt; es ist vielmehr selbst dasselbe, das sich selbst genießt in der Weise, wie Gott es tut.[1]

Was in diesem *Übungsbuch* steht, ist nichts Neues. Wir haben vergessen, dass wir auch in unserem Kulturkreis ganzheitliche Formen des Betens besitzen. Dieses Buch ist nicht nur für Menschen in unseren Kursen gedacht, sondern für alle, die einen körperlichen Zugang zum Gebet suchen. Aus der Praxis für die Praxis kann es Inspiration sein für die in der Religionslehre, Gemeinde und Pfarrei tätigen Ordensleute und überhaupt für Menschen, die es für andere und für *den eigenen Alltag brauchen* können.

Kürzlich erhielt ich einen Brief mit folgendem Inhalt:

Ich bin auf der Suche nach Spiritualität. Vor einigen Jahren hatte ich eine tiefe ›Kirchenkrise‹, ich fühlte mich nicht mehr wohl in den mir anerzogenen Werten. Dann entdeckte ich diese Arbeit und wusste, das ist meine Heimat. In dieser Form kann ich Religion körperlich ausdrücken. Das Körpergebet und der Tanz um die Mitte sind für mich zu einer Quelle geworden, aus der ich Kraft und Freude für den Alltag schöpfen kann.

Der Himmel in dir ist nur eines von vielen Büchern in einer sich rasch wandelnden Zeit, eine Anregung. Wichtig ist für alle die eigene Erfahrung. Nur was wir selbst wahrnehmen und zutiefst erfahren, ist wahr, und nur so können wir es in anderen Menschen wecken. Ein Körpergebet wird erst Gebet, wenn es immer und immer wieder gebetet wird. In der Praxis muss etwas gereinigt, gewandelt, gegessen, verdaut, gestorben, auferstanden und gelebt sein. Das geht nicht an einem Tag. Nach der ersten Ballettstunde wird auch nicht gleich am selben Abend Schwanensee getanzt. Es ist ein Lebensweg.

Die meisten von uns brauchen tägliche Übung. Wir sind geübt, uns täglich die Zähne zu putzen. Sind wir auch geübt, uns täglich geistig zu reinigen? Manchmal scheint es, als wären wir mit unserer Spiritualität noch nicht einmal so weit wie die Menschen im Mittelalter mit ihrer körperlichen Hygiene.

Ein Pfarrer auf dem Land berichtete, dass Konfirmanden, die er zu unterrichten hat, im Allgemeinen nicht unterscheiden können zwischen Denken und Spüren. Ihre Wahrnehmung läuft nur über den Verstand. Sie können die Verbindung zwischen Körper und Gebet nicht herstellen. Sie spüren ihren Körper nur, wenn etwas weh tut oder nicht mehr funktioniert wie vorher. Wo sollen sie es auch gelernt haben? Wie lernt man heute spüren, hören, tasten, sehen, schmecken oder riechen ohne zu werten?

Wer nicht spüren kann, dem wird es schwer fallen, eine Spiritualität des Körpers zu entwickeln. Übungsanleitungen wollen helfen, das Körpergebet zu erspüren und zu verstehen. (In der praktischen Arbeit sollte so wenig wie möglich erklärt und gedeutet werden. Zu viele Erklärungen grenzen ein und beschränken die Erfahrung.)

Jeder erfährt seine Übung als etwas Eigenes. Denen, die Übungen anleiten, kann es nur darum gehen, in einer klaren Struktur einen Raum, eine Möglichkeit zu geben, *geschehen zu lassen,* wachsen zu lassen.

*Die gestaltlose Gottheit nimmt tausend Gestalten an
in den Augen ihrer Geschöpfe.
Rein ist sie und unzerstörbar,
unendlich und unergründlich,
sie tanzt in Verzückung,
und Wellen erheben sich
aus diesem Tanz von Gestalt.*

Kabir [2]

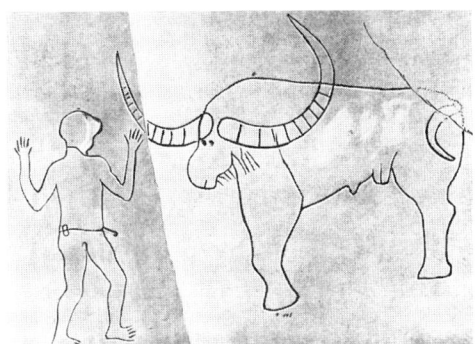

Körpergebet

*Meine Seele jubelt im Fleisch.
O mein Fleisch und meine Glieder,
in denen ich Wohnung nahm,
wie sehr freue ich mich, dass ich zu
euch geschickt wurde, die ihr mit mir
übereinstimmt, die ihr mich zur ewigen
Belohnung ausschickt. Der Seele Freude
ist es, im Leibe wirksam zu sein.*

Hildegard von Bingen

Das Körpergebet ist so alt wie die Menschheit, wie das Bedürfnis des Menschen, sich mit dem Göttlichen zu verbinden. Die Gebärde ist Urform der Sprache. Man nimmt an, dass der Mensch der Urzeit in Symbiose mit seiner Umgebung sich durch Gebärden verständigte.

Menschen, gleichviel welcher Kultur und welcher Zeit sie angehören, sind gleiche Gebetsgebärden bekannt. In Indien gibt es Mudras, die identisch sind mit dem Gestus christlicher Ikonen. Wir kennen sie als Urbilder der Menschheit. Die menschliche Gestalt selbst ist Urbild. An Felszeichnungen und jahrtausendealten Skulpturen können wir ablesen, dass schon der Mensch in sehr früher Zeit versuchte, vermittels einer Körperhaltung eins zu werden mit der Gottheit. (s. Abb.)

Gebetsgebärden sind nicht aus Willkür entstanden, sondern »sie wurden auf Grund ihrer *natürlichen Eignung,* Zeichen zu sein, gewählt, eine Eignung, die Soziologie, Tiefenpsychologie, Religions- und Profangeschichte bezeugen«[3] Forscher sind unterschiedlicher Meinung, was den Ursprung des Körpergebets betrifft. Gebetsgebärden leiten sich von dem im sozialen Leben üblichen Gestus ab.[4] Oder sie leiten sich von ihrem ursprünglichen Nutzwert ab, oder von magischen Gebärden.[5] In seinem umfassenden Werk schreibt der Benediktiner Thomas Ohm:

Die einfachste und nächstliegende Erklärung der Gebetsgebärden ist die menschliche Natur, näherhin der innere Strukturzusammenhang und das Wechselverhältnis von Leib und Seele ... Im Grunde lässt sich gar nicht von einem Ursprung der Gebetsgebärden reden. Die Gebärden sind urempfangen, sind mit der Natur von Gott gegeben, auch die Gebetsgebärden [6].

In einem Gebet, das durch den Körper ausgedrückt wird, liegt Wahrheit. Es scheint von tiefer zu kommen als das Beten über den Verstand. Eine Gebärde kann man nicht so verzerren wie Worte. Körperhaltungen drücken eine innere Wahrheit aus. Das Nachbilden einer Geste bewirkt ein innerliches Nachbilden der Gemütshaltung. In der Shingon-Schule, (einer esoterischen buddhistischen Richtung) in Japan, herrscht die Auffassung, dass sich der Mensch sogar stufenweise die Atmosphäre, die Kräfte und die Fähigkeiten der Gottheit verschaffen kann, wenn er bestimmte Gebärden ausführt, d.h., wenn er Gesten und Stellungen der Gottheit nachahmt.

Die Gebärde ist nicht nur Ausdruck der Verbindung mit dem Göttlichen. Sie IST diese Verbindung.

Auf einer Pilgerreise nach Santiago de Compostella, begegnete ich vor einer Marienkapelle einer armen, jüngeren Frau, die auf einem zusammengeschnürten Kleiderbündel saß. Sie hatte die Arme wie in einem Bogen weit ausgebreitet. Es ging etwas Unbeschreibbares von ihr aus. Es war, als wäre sie umgeben von einem klar abgegrenzten Kreis, den kein Passant durchbrach. Die Menschen blieben stehen oder gingen am Rande dieses unsichtbaren Kreises um sie herum.
Sie saß über eine halbe Stunde so da. Ganz in sich gesammelt, mit geöffneten Armen.

Die Arme waren leicht, entspannt, aber nicht lasch. Sie wurde getragen von einer großen inneren Kraft. Sie war in einem besonderen energetischen Zustand.

Es war deutlich sichtbar, dass diese Körperhaltung nichts »Gemachtes« war – das wäre schon nach zehn Minuten sehr anstrengend gewesen. Vielmehr war es so, als würde sie ihr eigenes Wesen aus dem Innersten nach außen sichtbar gebären, ohne dass die Verbindung zum Innersten aufgegeben worden wäre. Diese Spanierin hatte mit Sicherheit ein tiefes religiöses Erlebnis. Durch die Körperhaltung wurde es nach außen sichtbar.

In der jahrelangen Arbeit mit dem Körpergebet zeigt es sich immer wieder, dass genau dieses gleichzeitige Innen- und Außensein heilend sein kann. Es ist ein spürbares Durchströmtsein des ganzen Körpers mit Lebenskraft, spürbar bis in die Finger- und Zehenspitzen.

In einer Gruppe von Religionspädagogen, die zum ersten Mal mit einem Körpergebet in Kontakt kamen, war eine Frau, die zu Beginn sagte, dass sie nur beschränkt mitmachen könne. Sie hätte vor einem halben Jahr einen Autounfall gehabt und wäre seitdem auch durch tägliches Training und viele Stunden spezifischer Heilgymnastik nicht in der Lage, ihren Arm zu heben. Wir sagten ihr, dass es gut möglich wäre, mit dem ganzen Körper zu beten, auch ohne den Arm zu heben, und dass sie sich einfach so weit bewegen solle, wie es ihr in Kontakt mit ihrem Inneren gut möglich sei. Im Laufe der nächsten Stunden stand sie plötzlich mit erhobenen Armen im Raum. In einem anschließenden Gespräch erzählte sie, dass sie nichts gemacht hätte. Die Arme hätten sich beide von innen her bewegt. Sie konnte die Bewegung auch später weiter nachvollziehen. Dies heißt nicht, dass solche Erfahrungen immer möglich sind; es gibt viele Faktoren, die dabei eine Rolle spielen.

Wo der Geist den Körper bewegt, wird er seinerseits vom Körper bewegt.

Dieser Satz in katalanischer Sprache stammt von einem unbekannten Verfasser um 1270, der »Die 9 Gebetsweisen des hl. Dominikus«[7] darlegte (s. Abb., S. 52). Es wird beschrieben, wie Dominikus stundenlang aufrecht stand und sich abwechselnd wieder hinkniete oder sich in eine andere Körperhaltung zum Gebet begab. Er war ein Mystiker, der sich über seinen Körper erfuhr und ausdrückte. Der hl. Dominikus gab den Novizenmeistern Anweisung, die ins Kloster eintretenden Mönche nicht nur die Demut des Herzens, sondern auch die Demut des Leibes zu lehren. In seiner Jugend im Spanien des 13. Jahrhunderts hatte er mit seiner Mutter sarazenische Freunde besucht. Es ist anzunehmen, dass er da Anregungen erhielt: in seinen Gebetsweisen lässt sich das Körpergebet des Islam wiedererkennen.

Gehen wir der Spur dieser Kultur nach, kommen wir zu den Wüstenvätern und -müttern. Überlieferte Schriften machen deut-

51

lich, dass auch sie weniger mit Worten als mit dem Leib beteten. Altvater Macarius antwortete auf die Frage, wie man beten soll:

Es ist nicht notwendig, viele Worte zu machen; es genügt, die Hände erhoben zu halten.[8]

Die »Rekordhalter« im Körpergebet des frühen Christentums waren wohl die Styliten. Es wird von jahrelangem Stehen auf einer Säule und von über tausend täglichen Niederwerfungen berichtet. An den Erzählungen mag manches Legende sein, aber es zeigt, welch große Bedeutung man dem Leib zuschrieb.

Neubeginn oder Wiederentdeckung des Körpers in der Spiritualität

Es gibt zerstreute und immer nur bruchstückhafte Hinweise auf ein Körpergebet im Christentum. Die – im Grunde nicht biblische – Leibfeindlichkeit schon der frühen Kirche und die dominante Rolle des Rationalismus im 17. Jahrhundert haben dazu geführt, dass es im westeuropäischen Raum kaum eine Kultur des religiösen Ausdrucks durch den Körper gibt, geschweige denn eine Tradition. Im Gebet sollte der ganze Mensch mit Gott in Beziehung treten. Seele und Leib sollten am Gebet beteiligt sein. Die

Gebetsgebärde verkörpert dieses ganzheitliche, seelisch-geistige Geschehen in einfachster Form. Wenn wir das Beten als Ausdruck unseres spirituellen Weges betrachten, muss das Gebet verschiedene Formen und Aspekte beinhalten wie der Weg selbst. Es muss den Menschen auch in seiner körperlichen Dimension ergreifen. Wir machen in unserem Denken immer den Unterschied zwischen Geist, Seele und Körper. Wir haben vergessen, dass wir nicht nur einen Körper haben, sondern dass wir Körper sind. Wir haben auch unsere Mitte vergessen. Wir machen nicht mehr Gott zu unserer Mitte, sondern unser Ich. Wir haben auch unsere körperliche Mitte vergessen. Die meisten von uns sind verkopft.

In der heutigen Zeit fragen die Menschen nach Gebets-Methoden. In alter Zeit stellte man sich einfach hin und erhob spontan die Arme. Für Menschen, die mit dem Körpergebet anfangen, ist eine Methode hilfreich. Wir zeigen hier keine systematische Methode, eher »Bausteine«, die Anfängern und Fortgeschrittenen, Alten und Jungen die Möglichkeiten aufzeigen, zu beten.

Nicht zuletzt haben uns östliche Meditationsformen angeregt, den Leib als unseren Partner auf dem spirituellen Weg wieder zu entdecken. Auf der Suche nach einer Tradition von Körperhaltungen, begegnete mir das Lehrsystem des Qigong Yangsheng von Prof. Jiao Guorui. Hier fand ich mehr, als ich gesucht hatte:

Qigong ist ein Sammelbegriff für vielfältige Übungsmethoden, die in China entwickelt wurden. Auch da sind die Körperhaltungen ursprünglich ein Nachzeichnen von Naturgesetzmäßigkeiten, die nicht nur in verschiedenen philosophischen Schulen, sondern auch in den Klöstern gepflegt wurden. Durch die lange, lebendige Tradition hat sich diese Arbeit umfassend spezifiziert und verfeinert. Als Teil der traditionellen chinesischen Medizin wird auch heute in Kliniken Chinas mit spezifischen inneren und äußeren Körperübungen geheilt.

Die Beachtung der Prinzipien von Qigong Yangsheng befruchtet die Arbeit mit dem Körpergebet. Die Übungsanforderungen des Qigong sind mir Basis sowohl für das Körpergebet als auch für den Tanz.[9]

Der Körper, Hilfe in der Not

Im Laufe der Arbeit hat sich gezeigt, dass Körpergebet vielen Menschen auf ihrem spirituellen Weg Unterstützung war. Oft hat es Not gewendet, war notwendig.

Denn auf dem spirituellen Weg stellen sich auch Erfahrungen der »dunklen Nacht« ein. Von Mystikern besungen und herbeigesehnt, ist für manchen das augenblickliche Sein in der schwarzen Nacht nur schwer auszuhalten, und meistens versucht das Ich alles, um dem dunklen Loch auszuweichen. Die schwarze Nacht, der Tod und das Sterben gehören zum Wachsen und zum spirituellen Weg wie der lichte Tag und das aufblühende Leben.

Gerade dunkle Zeiten sind wertvoll und lassen uns in eine neue Dimension hineinreifen.

Manche Menschen fallen in ein schwarzes Loch, in einen schwarzen Tunnel, scheinbar ohne Anfang und Ende. Gleichzeitig entsteht oft ein Gefühl, nicht richtig im eigenen Leib zu sein.

Eine ganz konkrete, bewusste Wahrnehmung des Körpers hilft, präsent zu sein in einer schier unaushaltbaren Situation. Sie wird dann Geburtsvorgang, unterstützt Veränderung und lässt eine Wandlung von innen zu.

Eine Schülerin berichtet:

In einer schwarzen Nacht spürte ich wirklich meine Füße und war Füße. Ich streckte mich in die Dunkelheit, und sie trug meine Hände, meine Arme, meinen ganzen Körper, mich insgesamt: Körper-Seele-Geist? Oder besser Geistleib? Die unterschiedlichen Urgebärden zu unterschiedlichen Zeiten ließen mich jeweils eins werden mit dem Augenblick, mit dem, was ist.

Kontakt zur Natur

Durch eine entsprechende Gebärde ist es einfach, in elementaren Kontakt zur Natur zu kommen: zum Meer, zu Bergen, zu Steinen und zur Pflanzenwelt. Aber auch zu

Tieren, und vor allem zu Menschen, jedoch anders als wir es gewohnt sind. Es ist letztendlich der Kontakt zur eigenen Wesensnatur.

Ein Teilnehmer in einem Kurs in den Pyrenäen erzählte:

Ich stand eine halbe Nacht lang bei Vollmond auf der Bergeshöhe an eine uralte Birke angelehnt. Die Arme überkreuzt vor der Herzensmitte. Gleichzeitig mich wahrnehmend, wusste ich nicht, war ich Birke, war ich Landschaft? Da kamen drei Pferde silberglänzend im Schein des Mondes. Sie legten sich alle drei vor der Birke auf den Rücken und streckten ihre Beine in den hellen Nachthimmel. Badeten sie im Tau, im Mondenlicht? Da kamen mir Eichendorffs Worte aus dem Gedicht ›Mondnacht‹:

Und meine Seele spannte
Weit ihre Flügel aus,
Flog durch die stillen Lande,
Als flöge sie nach Haus.

Eine Frau schrieb aus ihrem Urlaub:

In der Tundra tagelang nur eine Gebärde, bei Sonnenaufgang, in der Mittagszeit oder bei Sonnenuntergang. Es ist leichter, in der Natur Tiefe zu erfahren als in der Großstadt. Trotzdem manchmal auch da, mitten im Straßenverkehr ...

Und in Kirchen – leider ist unser Körper in den Kirchenbänken eingezwängt. Aber selbst da ist es möglich, etwa nach der Hetze der Arbeit sich einfach hinzusetzen und die Hände zu öffnen. Es gibt auch Kirchen ohne Bänke und immer mehr Menschen, die ohne viele Worte, nur mit dem Leib beten.

Urgebet ohne Worte

Körperhaltungen, die einen inneren Zustand ausdrücken, wirken, indem man sich auf diese Körperhaltung einlässt, und damit kann der innere Zustand erfahrbar werden.

Wir haben vergessen, dass auch unsere körperliche Gestalt selbst Urbild ist. Es geht darum, unsere eigene Gestalt von innen zu beleben, sie zu werden.

Wenn wir davon ausgehen, dass in einer Urgebärde das Innerste außen sichtbar wird, ist unsere Achtsamkeit auf das Innere gerichtet. Praktisch vollziehen wir äußerlich eine Körperhaltung nach. Mit unserer Aufmerksamkeit sind wir gleichzeitig in unserem Inneren und spüren, wie sich das anfühlt.

Sehr oft beginnen und beschließen wir die Arbeit des Urgebets mit Grundübungen des Qigong Yangsheng.[10]

55

1. In meiner Mitte

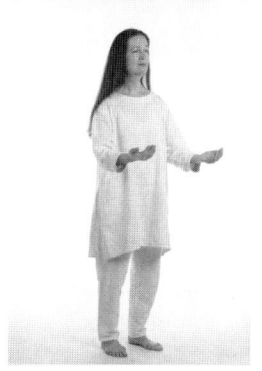

2. Ich öffne mich

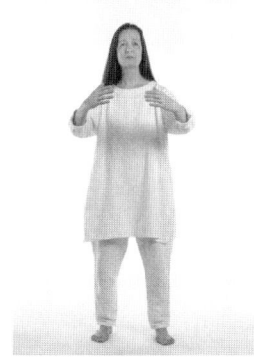

3. Umarme den Baum

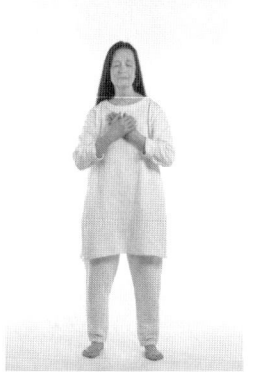

4. Gesammelt

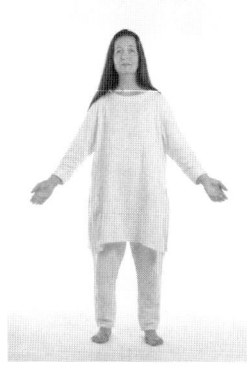

5. Eine leere Schale

6. Ich weite mich

7. Himmel und Erde

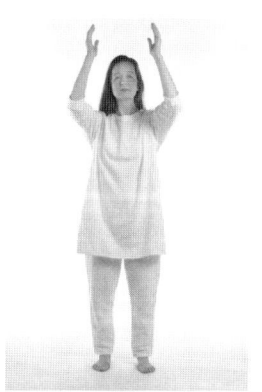

8. Licht spüren

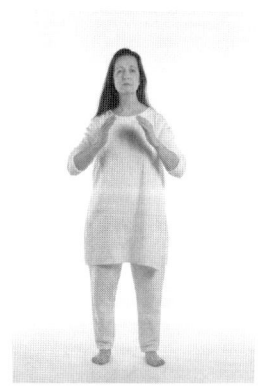

9. Im Herzen bewegen

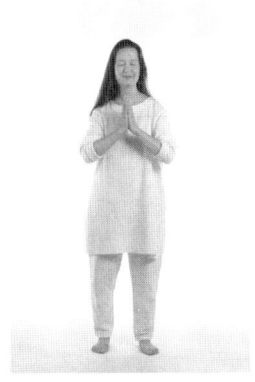

10. Ich bin dankbar

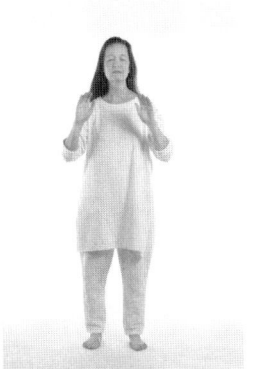

11. Ein Segen

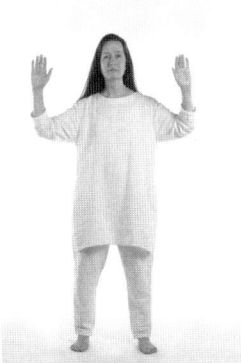

12. Ich bin ganz da

13. Kniend

14. Kraft meines Herzens

15. Ich nehme mich an

16. Meine Hingabe

17. Neu werde ich

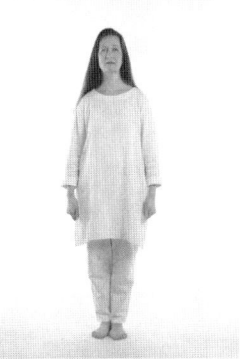

18. Ich bin bereit

18 Urgebärden

Dieses Körpergebet der 18 Urgebärden (s.S. 58/59) hat sich als Begleitung auf dem spirituellen Weg in der Arbeit mit den Kursteilnehmerinnen und -teilnehmern im Laufe der Jahre immer wieder verändert. Die hier vorgestellte Abfolge ist eine Momentaufnahme im Frühjahr 2000. Sie möchte Impuls für eine spirituelle Körperarbeit sein.

Es zeigt sich, dass sich die einzelne Urgebärde erst durch die vorhergehende wirklich entfaltet. Jede Urgebärde hat sich aus der vorhergehenden komplementär entwickelt und sie ergänzen sich gegenseitig. Das heißt: Auf eine sich schließende Urgebärde folgt eine sich öffnende und auf eine offene Gebärde folgt eine sich schließende. Der Ablauf der 18 Urgebärden unterstützt so Lebensrhythmen durch die Wahrnehmung von Schließen und Öffnen, unten und oben, innen und außen etc. Es ist hilfreich, in der vorgegebenen Reihenfolge in die Gebetsgebärden hineinzuspüren. Die Abfolge hat eine durchdringende, gute Wirkung.

Wir beten manchmal nur mit einzelnen Gebärden, schließen aber jeweils die vorhergehende und nachfolgende Gebärde mit ein.

Die *Anleitung* einer Urgebärde in diesem Übungsbuch geht immer von der vorhergehenden aus.

Jede Körperhaltung kann aber auch im Einzelnen erfahren werden. Man kann anfangs vielleicht 3 Minuten, später 10 bis 20 Minuten in einer Gebärde verweilen. Maßgebend, wie lange wir in einer bestimmten Körperhaltung sind, ist die eigene individuelle Befindlichkeit. Da gilt es, für sich selbst Verantwortung zu übernehmen und auf den Körper zu hören! Es soll sich ein Wohlgefühl im weitesten Sinn verbreiten. Keine Schmerzen. Ein Kriterium ist auch die eigene Mitte, die sich mit der Zeit verstärkt. Ich bleibe nur so lange in einer Gebärde, bis ich gleichzeitig in meiner Mitte bleiben kann.

In unseren Kursprogrammen steht:

Jede Teilnehmerin und jeder Teilnehmer tragen selbst die volle Verantwortung für ihre/seine Aktivitäten in den Kursen. – Das gilt auch für die hier beschriebene Arbeit.

Die Beschreibungen der einzelnen Urgebärden sind eingeteilt in *Die Übung* mit Bild und »Anleitung«. Jede Leserin, jeder Leser ist eingeladen, sich je nach Bedarf und Zeit auf eine oder mehrere Übungen einzulassen.

Da es nicht möglich ist, mit Erklärungen ein Körpergebet wirklich zu beschreiben, geben wir *Erfahrungen* wieder, die uns rein subjektiv von den Betenden in den letzten 10 Jahren mitgeteilt wurden.

Archetypisches in uns ist Allgemeingut der Völker und findet seinen Ausdruck in der Kunst. Das heißt, die Körperhaltungen, die wir von innen gefunden haben, begegnen uns in Skulpturen und Malereien etc. unserer Tradition wieder.

Die Hinweise *Aus der Tradition* können in diesem Rahmen nur bruchstückhaft sein. Es geht nie darum, eine Skulptur genau nachzubilden. Es ist einfach eine Freude der »inneren Arbeit« auch in der bildenden Kunst zu begegnen. Manchmal wird da ein menschliches Maß sichtbar und spürbar, was uns in der heutigen maßlosen Zeit verloren gegangen ist.

Wegweisendes möchte der einen oder dem anderen jeweils eine Unterstützung im Alltag sein.

Wir führen mit unserer Arbeit durch die präsente Körperlichkeit unmittelbar ins Hier und Jetzt, um das Sakrament dieses Augenblicks zu erfahren, jenen Raum, wo ich nicht Gebet mache, sondern Gebet bin. Darin liegt der Sinn dieses Augenblicks. Dieser unmittelbare Zustand ist das Einzige, was wir Gott, was wir der Liebe und dem Leben selbst geben können, indem wir Es sind.

Erfahrungen mit den 18 Urgebärden

*E*ine junge Theologin schreibt: »Dieses Gebet ist eine Liebeserklärung für Gott«.

– Ein zwölfjähriges Mädchen schreibt: »Ich fühle mich wie in einer großen Menge, in der alle Freunde sind – sogar die Feinde«.

– *Und Angelus Silesius schreibt: »Gott ist mein Geist, mein Blut, mein Fleisch und mein Gebein; wie soll ich dann mit ihm nicht ganz durchgottet sein?«*

Aus Briefen:

*J*ede Gebärde hat ihre eigene Geschichte, sowohl in uns als auch in unserer Kultur. Jede Urgebärde ist ein Ganzes und zugleich Teil des Ganzen. Sie ist männlich und weiblich. Sie ist absolute Stille und die Bewegung der äußersten Peripherie.
In sich geschlossen, ist das Gebet gleichzeitig öffnend, durchlassend und entlassend zur nächsten Gebärde hin. Den ganzen Ablauf könnte man einteilen in Umkehr, Reinigung, Umwandlung, Kommunion und Danksagung. Andere Deutungen könnten sein: Tod als Geburt. Initiation. Übung. Übung fürs Leben...
Da ist zuerst ein Einlassen, ein Bereiten, ein Dastehen, Selbständig-in-sich Stehen, Standhalten, Zusammenstehen, Dazustehen, Dabeibleiben, Treue, Ausdauer. Es ist manchmal ein Durchstehen.

– Dann ist da die Standhaftigkeit auf dieser Erde, **in meiner Mitte**. Egal wo ich bin, die Mitte ist immer da. Übung. Reinigung

– **Ich öffne mich**. Offen bin ich für Gott. Offen bin ich in Gott. Offen stehe ich in der Welt. Die Welt in mir.
Ich bin Gottes Gefäß. Ich bin Gottes-Herzschlag. Ich bin Gottes Atem.

*Ich gebe mich hin.
Es gibt mich hin.
Die Schöpfung umarmen. Ausgeliefertsein. Kreuz aufrichten.
Das Herz. Erbarme dich unser, erbarme dich unser, erbarme dich unser. Reinigung des inneren Tempels. Leere durchschreiten.
Die Welt in mir. Je mehr drinnen, desto weiter draußen.
Ausgespannt im Raum. Kreuzigung und Umarmung. Freiheit. Ausgespannt zwischen Himmel und Erde. Wie ein Baum verwurzelt, sich öffnend dem Himmel, dem Licht. Sehnsucht. Ich trinke dich, Kelch Gottes.*

– *Geschenk in Händen. Empfangend, bergend, begreifend, lauschend, Schutz des Innersten. Ohne Innen, ohne Außen. Liebe.
Verbunden. Der Kreis ist geschlossen.* **Ich bin dankbar. Ein Segen.** *Alles was in mich einströmt, lasse ich wieder los. Ich behalte nichts zurück. Und die Kraft ist da! Ich bin Ohrfläche.* **Ich bin ganz da.** *Voll Vertrauen bin ich bereit. Antenne und Sender. Bezeugen. Fürsprechen.*
– **Kniend.** *Gebären. Mein Herz ist ganz offen, ich empfange, ohne festhalten zu müssen. Freiheit. Erdkontakt. Loslassen. Von innen gestalten. Wachsen lassen.*

Danken. **Die Kraft meines Herzens.** *Halt finden. Da-Sein. Geliebtes, das gehen will, loslassen. Wieder kehre ich bei mir ein. Ich bin einverstanden mit dem was ist.*
– *Vorgeburt. Erde. Wärme. Geborgenheit. Höhle. Loslassen. Geboren werden.* **Ich nehme mich an.** *Ich höre.
Sein Wille geschehe.
Ich beuge mich dieser einströmenden, göttlichen Kraft. – Ich bin gebeugt. Ich verneige mich – Ich bin verneigt. Es ist nicht meine Kraft und Liebe – Es ist Gottes Liebe und Kraft.*
– **Meine Hingabe** *– beugen, verneigen – hinstrecken auf die Erde. Durch den Herzschlag teilhaftig am Rhythmus der Welt. Kraftschöpfend. Teil der Schöpfung. Anvertrauen. Ich bin mit Gott und der Erde eins.*
– **Neu werde ich.** *Gestärkt, stabil, verankert. Sammlung von Kraft. Energiegeladen. Präsent. Bereit für Kommendes.* **Ich bin bereit,** *dem Leben zu dienen.*
– *Durch den leiblichen Vollzug geschieht immer wieder ein Werden. Nicht ich bin – sondern Es steht, Es öffnet, Es schließt, es ist gebeugt, es ist verneigt, es ist niedergestreckt zur Erde, es richtet sich auf. Es steht wieder da. Danksagung ist Leuchtkraft einer Dankbarkeit, die von innen da ist. Und schlussendlich bin ich das.*

Vorbereitung

Der kontemplative Blick

Mit jedem Blick erhaschen wir einen Gedanken. Gedankenströme können beruhigt werden durch den kontemplativen Blick. Desidentifikation von dem, was wir ständig auch mit den Augen festhalten, kann stattfinden.

Vielen Menschen ist diese Art von Sehen bekannt. Künstler schauen oft so. Es gibt Kunstwerke, auf denen dieser Blick sichtbar wird. z.B. Raffaels Christus auf dem Berg Tabor.

Den meisten Kindern ist es auch heute noch vertraut. Im Alpenland wird gesagt, dass sie »in ein Kästchen schauen«.

Oder bei Menschen, die stark mit der Natur verbunden sind, wird dieser weiche Blick erkennbar. Als ich ein kleines Mädchen war, bekam mein Vater manchmal Besuch von einem Wildhüter. Er hatte Augen und ein Gesicht wie ein Raubvogel. Ich weiß nicht, wie Vögel sehen, aber ich hatte immer das Gefühl, dass er wie ein Vogel sieht. Er sah den Wald als Ganzes und gleichzeitig zeigte er uns einzelne seltene Vögel, die wir vorher noch nie gesehen hatten. In dem kleinen Wald am Stadtrand, in dem wir uns täglich aufhielten, hätten wir sie nie vermutet. Es war, wie wenn meine Mutter mit weichem Blick ein Feld von Klee sah, und in diesem gesamten Bild sofort vierblättrige Kleeblätter wahrnahm.

Seit meiner Kindheit habe ich eine Vorliebe für Alpabtriebe. Im Herbst, wenn die Sennen mit den blumengeschmückten Kühen und unter dem Geläut der vielen »Treicheln« wieder ins Tal kommen, begegnet einem auch der kontemplative, weiche Blick dieser Menschen, die den ganzen Sommer auf dem Berg verbracht haben. Diesen Blick, diese ganz spezifische Wahrnehmung, die uns gleichzeitig wieder in ein kontemplatives feines Hören, Tasten, Schmecken und Riechen führt, kann man einüben.

Es ist eher ein passives Sehen. Es ist nicht dieses aktive »Alleserhaschenwollen« oder das anstrengende »Janichtsverpassen«. Es ist ein Nichtwerten, ein Sichwundern und Staunen.

Übungsanleitung

Günstig ist es, sich einen Ort mit weiter Sicht zu suchen. Notfalls kann man auch in einem Innenraum üben.

Jeder braucht etwas Raum vor sich. Es ist darauf zu achten, dass niemand direkt vor der/dem anderen steht.

Brillenträgerinnen und -träger setzen entweder die Brille ab, oder sehen die Brille mit. Sie nehmen die Brille bewusst wahr.

Sich zentrieren – Kontakt mit dem Boden – die Füße – die Hände – spüren – das Gewicht der Arme – die Körpermitte.

Becken – die Sitzknochen leicht senken. (Wenn jemand seine Sitzknochen nicht wahrnehmen kann, einfach dem Schwergewicht des Gesäßes etwas nachgeben, ohne dass das Becken nach vorne kippt.) Es ist ein leichtes Sinken direkt nach unten. Die Knie geben etwas nach, so dass es angenehm ist. Die Knie werden während der gesamten Bewegungsübung nie ganz durchgedrückt.

Sich atmen lassen.

Von der Mitte aus, ganz sachte das Gewicht auf eine Seite verlagern, bis das Gewicht nur auf einem Fuß spürbar wird. Mit dem anderen Fuß in Kontakt zum Boden bleiben.
Ganz sachte das Gewicht auf den anderen Fuß hin verlagern. – Die Mitte spüren,

wenn gleichviel Gewicht auf beiden Füssen ist, dann weiter das Gewicht auf den anderen Fuß verlagern, bis alles Gewicht auf dem zweiten Fuß ist. Gleichzeitig mit dem ersten Fuß in Kontakt zum Boden bleiben – Spüren – Sich atmen lassen.

Allein das bewusste Wahrnehmen der Gewichtsverlagerung kann ein spannendes Abenteuer sein. – Spüren – Da capo.

Sich wiegen – sachte pendeln – von einer Seite zur anderen und wieder zurück – Jede findet ihr eigenes Tempo – Jeder findet seinen eigenen Rhythmus – An diesem langsamen, wiegenden Rhythmus ist der ganze Körper beteiligt, vom Scheitel bis zur Sohle.

Die Augen sind beinahe geschlossen und der Blick geht ganz natürlich mit der Bewegung mit – Er ist nach unten vor die eigenen Füße auf den Boden gerichtet, ohne etwas zu fixieren – Ohne Anstrengung lassen die Augen, was sie wahrnehmen, hereinkommen.

Das leichte Wiegen von einer Seite zur anderen geht weiter – ohne anzuhalten – nur das Verlagern des Gewichtes mit Füßen, Becken und Mitte spüren.

Schauen was geschaut wird – das kleine Blickfeld direkt vor den Füßen weiterwahrnehmen – wenn gleichzeitig der Blick etwas geweitet wird.

62

Ungefähr drei bis vier Schritte Umfeld dazunehmen – ohne etwas zu fixieren – ohne etwas festzumachen: Es ist nicht der Blick des Jägers, es ist der Blick des Staunens. – In diesem Rhythmus des Wiegens bleiben. – Nicht schneller werden. – Hin und her und her und hin – Die Augen aufnehmen lassen, was sie wahrnehmen – ohne zu unterscheiden, was sie sehen –

Zu dem Blickfeld, das sie jetzt haben, noch etwas dazu nehmen, eine Distanz von etwa zehn Schritten – Ohne etwas festzumachen – ohne zu werten was ist vorne, und was ist hinten – den ganzen Bereich gleichzeitig schauen – sich wundern.

Sich weiter wiegen, keine Unterbrechung in der sanften Bewegung – Die Füße – die Mitte – der Atem – die Hände – die Haut – die Lufttemperatur – den Raum um sich – wahrnehmen – hören – riechen.

Geschehen lassen was geschaut wird – Was geschaut wird, geschehen lassen – Das ganze Blickfeld von den Füßen bis zur Distanz dieser zehn Schritte ohne Unterscheidung gleichzeitig wahrnehmen.

Nun die Augen noch etwas weiter öffnen und insgesamt etwa 50 Schritte ins Blickfeld nehmen. – Sich wahrnehmen – wiegenderweise in diesem Raum – den Halt der Mitte – die Unterstützung der Füße. – Den Blick lassen, ohne etwas zu fixieren, ohne etwas festzumachen. Staunen.

Und weiter zu diesem jetzigen Blickfeld die Augen und sich dem Raum noch weiter öffnen bis zum Horizont – Ohne zu unterscheiden zwischen dort und hier – Absichtslos – Gleichzeitig die Hände – die Mitte – die Füße wahrnehmen – Sich wiegen lassen in der Landschaft im eigenen Rhythmus –. Anstrengungslos – sich schauen lassen.

Und nochmal das Blickfeld erweitern – ohne zu unterscheiden von dem Raum vor den Füßen bis zum Horizont. Den Himmel dazusehen.

Sich weiter wiegen, das ganze Panorama gleichzeitig wahrnehmen – Genießen – Mit allen Sinnen – Jetzt.

Gleichzeitig der Aufmerksamkeit für die Füße mehr Gewicht geben, ohne das Panorama zu verlassen – Ganz sachte in demselben Rhythmus des Wiegens zum Schreiten kommen – Den weiten Blick beibehalten – Diesen 180-Grad-Horizont mitnehmen – ohne zu unterscheiden – ohne zu werten – Sich gehen lassen – Schritt für Schritt. Nur diesen Augenblick.

Am Anfang geht man sehr langsam, vorsichtig, ungewohnt. Es ist, als würden die Füße den Untergrund unterschiedlich, verfeinert und intensiver wahrnehmen. Menschen, die sich auf diese Übung einlassen können, erfahren die Sinne und sich insgesamt als präsenter. Als würde man alles sehen und nirgends hinschauen.

Bei etwas mehr Übung ist es ein Hochgenuss, mit diesem Blick weite Strecken zu gehen, zu wandern, zu pilgern.

Er gehört nicht nur zur Kontemplation sondern auch zum Tanz und zum Körpergebet.

Aufwärmübungen

Ein erwärmter Körper spürt mehr

Aufwärmübungen sind mit einer leckeren appetitanregenden Vorspeise vergleichbar, die passend zum Menü gereicht wird. Natürlich richtet sie sich in erster Linie nach den Gästen und ist abhängig vom Speiseplan der gesamten Woche. Welches Gemüse zu dieser Jahreszeit? Ab und zu gibt es noch Reste vom Vortag. Viele Zutaten stehen bereit. Wir beschränken uns auf wenige. Unterstützend ist ein spezifischer Geschmack, abgestimmt auf diesen Tag. Sind die Gäste Tänzerinnen und Tänzer, die sich die letzte Stunde ausgetobt haben, beginnen wir mit Innehalten. Sind die Gäste Teilnehmerinnen und Teilnehmer eines Kurses, in dem still gesessen wird, beginnen wir meistens sachte mit Bewegung. Diese ist abgestimmt mit dem Vortrag von Willigis Jäger am Vormittag. Wenn es sich bei dem Thema des heutigen Tages um Bewusstseinsvereinheitlichung handelt, wird auch das Bewusstsein im Körper gesammelt, durch Füße, Hände, Körpermitte, Nabelbereich, Atem, Schritt, Herzensmitte. Wenn es sich bei dem Thema um Bewusstseinsentleerung handelt, wird vielmehr an der Wahrnehmung des Körpers insgesamt und darüber hinaus am »Raumsinn« mehr mit Spüren in den Raum gearbeitet.

Zuerst ist es wichtig zu wissen, dass wir uns bei all diesen Übungen körperlich wohl fühlen sollen, auch wenn vielleicht bestimmte Körperhaltungen fremd sind. Wenn körperliches Unwohlsein oder gar Schmerz auftritt, verändern wir unsere Körperhaltung. Wir beginnen im Stehen. Wenn das Stehen zu anstrengend wird, kann man sich natürlich jederzeit setzen oder hinlegen.

Wir SIND Musik. Damit sie erklingen kann, stimmen wir zuerst unser Instrument, den Körper. Der Verstand schaltet sich meist mit falschen Tönen dazwischen. Seine Aufgabe ist jetzt, einfach Zeuge zu sein. Er soll wahrnehmen, was geschieht, und es zulassen.

Hier eine mögliche Aufwärmübung zum Körpergebet für Teilnehmerinnen und Teilnehmer eines Kontemplationskurses, oder auch für Menschen, die tagsüber gearbeitet haben und z.B. abends 1x pro Woche zur Übung von außerhalb kommen. In diesem Fall etwas kürzer.

Sind wir zum ersten Mal in einem Raum, beginnen wir mit freiem Gehen im Raum. Den Raum aufnehmen, innehalten, spüren, gehen, gehen und wieder innehalten.

64

Sind wir in einem uns vertrauten Raum, verteilen wir uns gleich und spüren, wie sich das anfühlt, wo wir gerade, wie wir gerade stehen.

Die Füße in Kontakt zur Unterlage. Wie sind die Fußsohlen in diesem Augenblick im Kontakt zum Boden.

Die Hände – die Lufttemperatur – der Raum zwischen den Fingern. Wie fühlt sich das an.– Jetzt.

Manchmal fällt auf, dass es vielen schwer fällt zu spüren. Daraus hat sich folgende Übung ergeben:

Die Hände leicht bewegen, dann stärker und stärker, bis sie sich schütteln, dann die Unterarme schütteln, die Arme, die Schultern, Oberkörper, Kopf, Bauch, Becken, Oberschenkel, Knie, Unterschenkel, Füße. – Nichts auslassen. – Sich schütteln lassen, das löst Spannungen.

Wenn mein Nachbar mit seinem Hund schimpft, schüttelt sich der Hund. Wir Menschen erstarren meistens. Schütteln kann helfen, Verspannungen zu lösen. Vorsicht ist geboten bei Bandscheibenproblemen sowie Schwangerschaft oder starker Menstruation.

Im Schütteln spüren, was wir nicht schütteln können. – Auch dieses schütteln. Dabei können unartikulierte Laute entstehen.

Es gibt Hinweise, dass man im frühen Mittelalter das leibliche Beten mit Tränen, Weinen, Seufzen, lauten Rufen und Schreien begann. Hildegard von Bingen soll gesagt haben:

Jeder Seufzer bringt uns dem Himmel näher.

Im 11. Jahrhundert gab es in der Liturgie das so genannte »Clamor« (lat. Rufen/ Schreien). Vor der Kommunion, nach dem Vaterunser, warfen sich der Klerus und die Gläubigen auf den Boden und schrien. Vor allem in Notsituationen, z.B. beim Einfall und bei Plünderungen der Normannen in Frankreich, wurde der »Clamor« gepflegt.

In China ist es auch heute noch selbstverständlich, in der Frühe, vor den eigentlichen Körperübungen im Park, laut zu schreien. Wir können uns also beim Schütteln auch stimmlich Luft machen und Töne kommen lassen, wie sie gerade kommen möchten.

🔘 *Schütteln sein !*

🔘 *Innehalten. – Stille.*

🔘 *Spüren was jetzt ist – Sich atmen lassen.*

🔘 *Die Bewegung, vielleicht das Kribbeln unter der Haut spüren, durch die Haut und über die Haut hinaus – diese feine Bewegung vergrößern und sich weiten lassen in den Raum um uns.*

🔘 *Sich dehnen, strecken und gähnen.*

🔘 *Spüren. Wie steh ich jetzt da? Füße? Hände?*

🔘 *Die Lufttemperatur zwischen den Fingern, um die Hände, um die Arme –*

🔘 *Die rechte Hand unter die linke Achselhöhle. – Ist da ein Temperaturunterschied spürbar ?*

🔘 *Mit der ganzen Hand sachte klopfen.*

🔘 *Zum inneren Oberarm hin klopfen. (Das Klopfen soll wohltuend, ein Genuss sein.)*

🔘 *Weiterklopfen: Unterarm innen, Innenhandfläche, Finger innen, Finger außen, Handrücken, Handgelenk,*

🔘 *Außenarm über den Ellbogen bis zur Schulter klopfen. – Schulter und die linke Nackenseite.*

🔘 *Innehalten. – Spüren. – Ist da vielleicht ein Unterschied spürbar zwischen links und rechts? – Wie fühlt sich das an? – Jetzt?*

🔘 *Noch einmal die linke Seite von der Achselhöhle aus, erst innen dann außen dem Arm folgend klopfen. – Jetzt?*

🔘 *Die ganze linke Körperseite genießerisch klopfen. – Spüren. – Gibt es einen Unterschied zwischen links und rechts? Füße? Hände?*

🔘 *Linke Hand unter die rechte Achselhöhle. – Wie fühlt sich das an? – Die rechte Seite genau so klopfen und nachspüren wie die linke Seite.*

66

Wie bin ich jetzt da? – Fühlt sich eine Seite so an, als möchte sie noch geklopft werden? – Klopfen.

Beide Hände unter das Gesäß, über das Gesäß auf beiden Seiten der Wirbelsäule den Rücken entlang hochklopfen, so weit es geht.

Beide Hände am oberen Rücken ansetzen, auf beiden Seiten der Wirbelsäule nach oben hin klopfen.

Die Schultern klopfen – Nacken – Hinterkopf – Scheitel – Vorderkopf – Stirn – Gesicht – Hals – Brust – Bauch.

Die Innenhandflächen auf dem Nabel übereinander legen.

So bin ich jetzt da.

Stehen

Stehen bedeutet: Dastehen, auf zwei Füßen stehen, auf festem Grund stehen, festen Stand haben. Wie ist mein Stand? Standhaft? Eigenständig, selbstständig stehen, im Licht stehn, in der Gnade stehn, im Regen stehn, zu sich stehn, gut, schlecht dastehen, zusammenstehen, beistehen, durchstehen, ausstehen, widerstehen, standhalten, Stehvermögen. Steh deine Frau! Seinen Mann stehen. Vor Gott stehen, in seiner Gunst stehen, in Ehrfurcht stehen, in der göttlichen Kraft stehen, durch Gott stehen. Wie steht Gott durch uns?

Die Gebetshaltung des Stehens findet sich bei allen Völkern. Wer beim Beten steht, ist da, ist wach. Es gibt natürlich auch ein gelangweiltes, gleichgültiges Stehen.

Aber Stehen ist zunächst Ausdruck der Freude, des Gehobenseins und des Beflügeltseins. Beim Empfang einer freudigen Nachricht steht man unwillkürlich auf. ›Menschen, die ihr war't verloren, stehet auf, erfreuet euch. Heut' ist Gottes Sohn geboren‹.[11]

Wie bei Juden und Römern war das Sitzen beim Gebet bei den Christen ursprünglich verpönt. Noch heute wird in der Ostkirche während der Gottesdienste gestanden.

Wir fragen meistens nicht, wie stehen wir vor Gott? Die Erfahrung zeigt, dass religiöse Vorstellungen hinderlich sind. Nach langer Zeit des Übens von zahlreichen Gebärden christlicher Völker zeigte sich uns, dass es nicht die religiösen Vorstellungen, sondern die lebendigen Körperhaltungen sind, die wirken. In dieser Arbeit geht es also nicht zuerst darum, mit guten, frommen Gedanken vor Gott zu stehen.

Denn wenn der Gedanke vergeht, wo ist Gott?

Meister Eckhart

Es geht vielleicht mehr um die Frage: »Wie steht Gott in mir?« oder »Wie steht Gott durch mich?« Letztendlich geht es um die Erfahrung: »Wer bin ich?«

Diese Fragen können nur aus dem Widerfahrnis beantwortet werden. Es ist Gnade, Geschenk. Es geschieht durch Achtsamkeit.

Es ist einfach aber nicht leicht, länger im Gebet zu stehen oder zu knien. Wenn wir geübt sind, gleichzeitig in Kontakt mit unserer Mitte zu sein, fällt es uns auch leichter, länger zu stehen. Die Körperhaltungen erscheinen äußerlich »statuarisch«. Sie beinhalten jedoch eine feine innere Bewegung, die es wahrzunehmen gilt.

Die Abfolge des Urgebets beginnt im Stehen. (Für Kranke und Schwache ist es auch möglich zu sitzen oder zu liegen.) Wichtig ist, sich körperlich wohl zu fühlen, auch wenn einige Körperhaltungen vielleicht ungewohnt sind. Die 18 Urgebärden können insgesamt kräftigend, heilsam wirken, wenn wir nicht in den Schmerz hinein üben.

Alle Urgebärden können im Stehen, Sitzen und auch im Liegen vollzogen werden.

Sei freundlich zu deinem Leib, damit die Seele Lust hat, darin zu wohnen.

Teresa von Avila

Urgebärden des Körpergebets

1. Urgebärde: In meiner Mitte

Am Ende der Aufwärmübungen die eine Hand über die andere auf den Nabelbereich legen. Die Aufmerksamkeit wird an diesem Ort gesammelt. Das Spüren soll nie zu genau, zu exakt sein. Die Wahrnehmung ist immer weich, ähnlich wie beim kontemplativen Blick.

Die Übung

- *Hände und Füße spüren.*

- *Die Fersen zueinander stellen.*

- *So steh ich jetzt da.*

- *Leichtes Senken des Beckens. Nachgeben in den Knien. – Sich abstoßen mit den Füßen und wieder aufrichten.*

- *Den Bauch spüren. – Mit dem Bauch die Hände spüren.*

- *So bin ich jetzt da.*

Anleitung

⦿ *Der Bauch spürt die Hände. – Die Hände spüren den Bauch. – Die Arme und den Raum unter den Achselhöhlen spüren. – Die Innenflächen der Beine.*

⦿ *Die Füße. – Die Fersen aneinander stellen. – Den Kontakt der Fußsohlen zur Unterlage.*

⦿ *Spüren. – Spüren von Nabelbereich, Becken, Sitzknochen. – Leichtes Sinken. – Wer die Sitzknochen nicht spüren kann, gibt der Schwerkraft des Gesäßes nach. – Leicht nachgeben in den Knien. – Sich dem Grund nähern.*

⦿ *Wie ist der Stand jetzt? – Kommt mir die Erde entgegen? – Gibt es Widerstand? – Wie ist die Grenze nach unten?*

⦿ *Stützkraft finden. – Sich abstützen, abstoßen und aufrichten in die Senkrechte, von der Sohle bis zum Scheitel und über den Scheitel hinaus.*

⦿ *Gleichzeitig in Kontakt bleiben mit der Mitte. – Sich im Nabelbereich verankern. – Sich atmen lassen.*

⦿ *Bei längerem Stehen, die Füße etwa hüftbreit in einen natürlichen Abstand öffnen. – Die Füße stehen parallel. – Diese kleine Hinbewegung zur Erde ein paarmal wiederholen, und hineinspüren in das Abstoßen – in das Aufrichten. – Sich atmen lassen. – In das Stehen hineinwachsen. – Wach sein.*

⦿ *Stehen werden, – sein.*

Erfahrungen

Stabil, kraftvoll, erdverbunden, aufrecht, ganz bei sich, erdig, ganz. Zwei 11-jährige Mädchen, die in der Schule mit ihrer Religionslehrerin beteten, sagten an dieser Stelle:

Man spürt richtig den Boden, auf dem man jeden Tag steht.
Gott ist die Wärme, die meiner Mitte entspringt.

Aus der Tradition

Um Deine Mitte kreisen gleich einem Gürtel wir, /Am Tage, da der Himmel noch keinen Gürtel trug.
Dschelaleddin Rumi [12]

Alles Leben bewegt sich um die Mitte. Die Mitte der Welt, der Nabel. Die Mitte des Menschen, der Nabel. Bei allen Völkern spielt der Nabel eine wichtige Rolle und ist umrankt von Geschichten und Mythen, und wohl jede Kultur hat ihren Nabel der Welt.
In Indien wird erzählt:

Wenn sich das Universum zu Beginn eines neuen Zeitalters auflöst, wächst aus dem Nabel des Gottes Vishnu ein Lotos, der immer weiter aufblüht und schließlich den Schöpfergott Brahma hervorbringt.

Im alten Europa wurde die Göttin in den matrilinearen Kulturen ab dem 5. Jt.v.Chr. vermehrt mit gefalteten Armen und Hän-

Der griechische Philosoph Demokrit (460 v.Chr.) bezeichnete den menschlichen Nabel als »Schutzort und Ankerplatz in Brandung und bei Irrfahrt«.

Zwei mittelalterliche Skulpturen aus dem christlichen Kulturraum.

Typisch für den auferstandenen Christus in der Romanik (12. Jh.): Zwei Kreise in der Vertikalen. Ein Kreis für das Göttliche, ein Kreis für das Menschliche. Beide Kreise überschneiden sich im Zentrum des Gottmenschen. Dieses Zentrum erscheint wie freigelegt, aufgeblättert, entfaltet, es zeigt auf etwas dahinter: auf die Quelle des Lebens. Da ist die Mitte, die Essenz, der Gottmensch.

den über der Leibesmitte dargestellt.[13] Brotlaibe und Backöfen, aber auch Erhebungen in der Landschaft wurden mit dem Bauch der Mutter Erde identifiziert. In Litauen nannte man die Magd, die das letzte Stück eines Roggenfeldes abmähte, »die Durchtrennerin der Nabelschnur.[14] Im heiligsten Ort des antiken Griechenland, Delphi, umgeben von Abgründen und den Felsen des Parnass, wurde der Nabel der Erde durch den runden Omphalosstein markiert, auf welchem die weissagende Pythia saß.

73

Auf dem 2. Bild Christus, wie er uns in der frühgotischen Kathedrale von Chartres begegnet. Die beiden Kreise unsichtbar in der Horizontalen. Sichtbar ist nur die Überschneidung der beiden Kreise, die Mandorla. Sie befindet sich über dem Königsportal, unter der Westrose, den wohl großartigsten Kirchenfenstern europäischer Kultur. In dieser Mandorla thront Christus in seiner Ganzheit als der Menschensohn oder Gottmensch auf dem Thron der Herrlichkeit (Mt 19,28).

Seine Körpermitte, wieder der Nabelbereich, wird durch eine Schärpe verdeutlicht. Er ist umgeben von den apokalyptischen Tiersymbolen der vier Evangelisten. Wird dieses Bild als Ganzes wahrgenommen, sieht man, dass die Blicke der vier Figuren sich in einer zweiten Mitte, in der Herzensmitte des Christus überkreuzen. Das Gewand zeigt »Ströme lebendigen Wassers«, Ströme der Lebenskraft. Chartres war zu jener Zeit der »Nabel der Welt«, ein Ort, wo die Menschen aus ganz Europa hinpilgerten, um sich »in Ordnung« bringen zu lassen. Einer der wenigen noch sichtbaren Orte der westlichen Welt, wo Energien wahrnehmbar gemacht wurden und heute immer noch wirken – zum Wohl der Menschen.

Da es im 12. Jh. praktisch keine anderen Bilder gab, bei denen die Menschen verweilten und beteten, wirkten diese stark auf ihre Vorstellungskraft und somit auf

74

ihr körperliches Befinden und ihr ganzes Sein. Es scheint, dass der mittelalterliche Mensch mehr in seiner Leibesmitte war, als wir es heute sind. Die Baumeister dieser Kathedralen haben nach dem menschlichen Maß gebaut. Ihr Thema war: So wie ich gebaut bin, so ist die Welt gebaut. Die große Welt findet in mir eine Spiegelung. Es war ein Erarbeiten von innen her: Laborintus. Man hatte das Wissen in sich.

»Das Viele enthält das Eine«, hätte man im Mittelalter nicht gesagt, vielmehr: »Das Eine ist allem übergeordnet. Das Eine »zerstückelt« sich. Es ist der Mittelpunkt der Welt.

Lass sich den Himmel auf der Erde spiegeln, auf dass die Erde zum Himmel werde [15]

Der Osten, wo die Tradition, sich in Gebärden auszudrücken, nicht abgebrochen ist, zeigt uns Ähnliches.

Die taoistischen Schulen heben die Bedeutung des »vorderen Dantian« besonders hervor. Dantian heißt »Zinnoberfeld« und meint einen Speicherort von Qi. – Qi, die essentielle Lebenskraft, die allem Leben zugrunde liegt. – Das vordere Dantian befindet sich im Bereich des Nabels und entspricht der Akupunkturstelle Shenjue oder Qizhong »Wachturm des Geistes« ...an anderer Stelle heißt der Bereich des Nabels auch »der Handgriff für die Türe zum Qigong«. Es ist relativ einfach, die Aufmerksamkeit auf das vordere Dantian zu lenken ... Das »mittlere Dantian« liegt in der Tiefe des vorderen

Dantian. ... Es hat eine wichtige Bedeutung in der Entwicklung der Bauchatmung. Aufgrund seiner zentralen Bedeutung gilt das Bewahren der Vorstellungskraft im mittleren Dantian als wichtige Basisübung des Qigong. Sie kann als Fundament und Kern aller anderen Übungsanforderungen angesehen werden. [16]

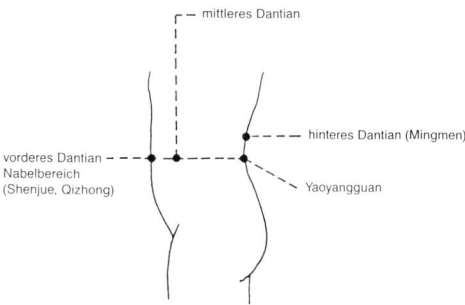

»Nabel« ist immer verbunden mit der Lebenskraft der Erde, mit der Mitte.

Wegweisendes

Im Körpergebiet ist mit dem Ausdruck »Körper-« oder »Leibesmitte« das mittlere Dantian gemeint. Dabei geht es nicht um einen genauen Punkt, sondern um ein ungefähres Spüren in diesen Bauchbereich. Die Handflächen übereinander auf den Nabel legen, sei es im Stehen, im Sitzen oder im Liegen. Sich einfach spüren und atmen lassen. Der Atem kommt und geht ganz natürlich. In unserer Arbeit wird der Atem nie manipuliert. Wir »machen« nichts. Durch verstärkte Aufmerksamkeit auf die Körpermitte wird ein flacher Atem mit der Zeit weiter und tiefer.

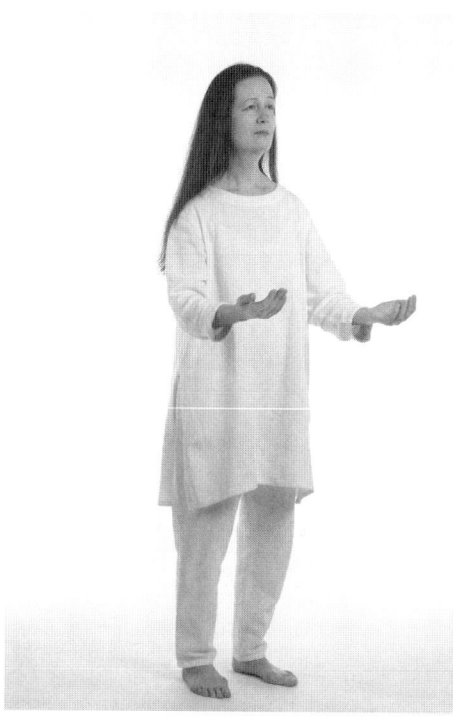

Die Übung

● Aus der 1. Urgebärde im Kontakt zum Boden die Füße öffnen.

● Aus der Mitte eine Hand und den Unterarm öffnen.

● Spüren. – Die zweite Hand und den Unterarm öffnen.

H alt an, wo läufst du hin?
Der Himmel ist in dir!
Suchst du Gott anderswo,
Du fehlst ihn für und für.

Angelus Silesius

Anleitung

● In der 1. Ugebärde die Körpermitte – die Hände, die Arme, die Achselhöhlen spüren.

● Die Füße in Kontakt mit der Unterlage. – Einen Fuß, eine Seite öffnen, den Fuß zur Seite setzen, etwa hüftbreit.

● Sich atmen lassen. – Sich weiten aus der atmenden Mitte: eine Hand und den Unterarm öffnen.

● Im Ansatz der Bewegung gleichzeitiges leichtes Sinken des Beckens, nachgeben in den Knien.

● Gegen Ende der kleinen Armbewegung kommt die Erde den Füßen entgegen, stützt sie, und lässt bis zum Scheitel und über den Scheitel hinaus, durch die Wirbelsäule hineinwachsen in dieses Gebet. – Spüren, wie es jetzt ist.

Die zweite Hand noch auf der Mitte.

Den Raum um die geöffnete Hand spüren – Raum zwischen den Fingern – Raum rundherum.

Achtsames Öffnen aus der Mitte: die zweite Hand mit derselben ganzen Körperbewegung wie bei der ersten Hand. – Auch wenn es ein steigendes Hineinwachsen ist in dieses Gebet, sind die Knie nachgiebig, nicht ganz durchgedrückt. – Kreuzbein – und Lendenwirbelbereich entspannt.

Beide Hände und Unterarme parallel. – Den Raum spüren unter den Handrücken und Unterarmen – den Raum unter den Füßen – den Raum im Rücken – über dem Scheitel und den Raum vor dem Gesicht – Brust, Bauch, Geschlecht und Beinen. Gleichsam den Raum der Mitte.

Den Raum in mir spüren.

So bin ich jetzt da.

Erfahrungsbericht

Den steinigen Weg entlang durch die weite, hügelige Landschaft, am Wegrand das Marterl: »Maria, das Kind am Herzen, 1639, Gott allein die Ehr.«
Später Sommer, Stille, es ist »die Zeit des Stillstands« in der Natur. Die Felder, der Apfelbaum und das Gras am Weg laden heute ein zum Innehalten.
Die Füße geschlossen in Kontakt mit dem steinigen Weg.

Die Hände, das Gewicht der hängenden Arme, die Körpermitte, die Lebenskraft hinter dem Nabel. Das Spüren der Innenflächen der Beine, die Kraft senkt sich, verteilt sich bis zu den Fußsohlen. Sachte setze ich einen Fuß zur Seite, parallel, etwa schulterbreit, verlagere das Gewicht und finde die Mitte, so dass gleichviel Gewicht verteilt spürbar wird in beiden Füßen.
So stehe ich hier in der weiten fränkischen Landschaft.
Und durch den Atem, durch den Blick, durch die Haut hindurch, ist sie in mir.
Sachte die Hände auf die Mitte dieser Weite, die Innenhandflächen übereinander auf dem Nabel. Die Weite in mir, ich in der Weite – zentriert.
Aus diesem Zentrum das leichte Öffnen der Hände zum Himmel, und gleichsam ist da der steinige Weg unter den Handrücken.
»Geben oder Nehmen?« –
Es gibt keine Antwort. Es ist einfach nur:

Die Sonne ist über den Weinbergen schon aufgegangen und vergoldet Hügel und Felder und die Hände. Als hätte das Morgenlicht zwei goldene Lichtbälle hineingelegt.

Sonne und Wolken sind gleich,
Berge und Täler verschieden.
Alles ist gesegnet, zehntausendfach gesegnet!
Ist dies eins? Sind dies zwei?
Nach Mumonkan [17]

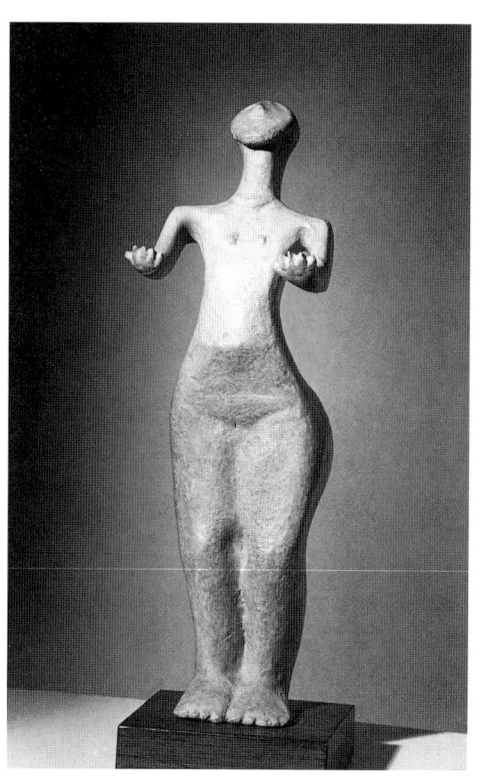

Aus der Tradition

Immer wieder begegnet uns diese Urgebärde in den Museen mit Skulpturen aus
vorgeschichtlicher Zeit. (z.B. im Frauenmuseum in Wiesbaden, s. Abbildung).
Manchmal mit der Beschriftung: »Beten-
de Frau«, »Betender Mann«.

Wegweisendes

Die Spürübungen in diesen Anleitungen
sind Einladung, auch im eigenen Alltag
mehr zu spüren. Immer wenn wir einen
Moment Zeit haben, können wir es uns
zur täglichen Übung machen zu spüren.
Zum Beispiel: Wenn ich an einer roten
Ampel stehe, oder beim Telefonieren, oder
beim täglichen Weg zur Arbeit, oder auf
dem Arbeitsamt, oder im Wartezimmer
beim Zahnarzt etc. Oder jetzt beim Lesen:
Wie spüre ich meine Füße jetzt in diesem
Augenblick? – Meine Hände?

3. Urgebärde: Umarme den Baum

Dieses Gebet könnte auch heißen:
Seid umarmt. Auch wenn die Arme gehoben werden, und die Herzensmitte stärker betont wird, bleiben wir in Kontakt zu unserem Zentrum, unserer Leibesmitte.

Die Übung

 Sich weiten von den Achselhöhlen aus.

 Die Schultern loslassen.

 Den Raum vor uns wie einen Baum umarmen.

Anleitung

 Von der 2. Gebetshaltung kommend, etwas sinken im Becken. – Knie geben nach. – Den Stand verbreitern. – Synchron dazu sich weiten aus der Leibesmitte. – Es ist wie ein unsichtbarer Gürtel, der sich aus der Mitte rundherum ausweitet.

 Achselhöhlen öffnen. – Rundes Aufspannen der Arme, Unterarme, Hände und Finger. – Gleichzeitig ein Umfassen. – Innen- und Außenarme spüren. – Die Ellbogen sind tiefer als Schultern und Hände.

 Die Hände sind miteinander in unsichtbarem Kontakt. – Raum zwischen den Fingern.

 Inneres Wachsen in die Gebärde durch Fußkontakt zur Erde. – Es ist, als würde man einen Baum umarmen.

 Die Aufmerksamkeit ist nicht nur auf den umarmten Raum vor sich, sondern auch auf den Raum im Rücken gelenkt. – Auch da ist Ausdehnung. – Das Umfassende weitet sich aus zum Umfasstsein.

79

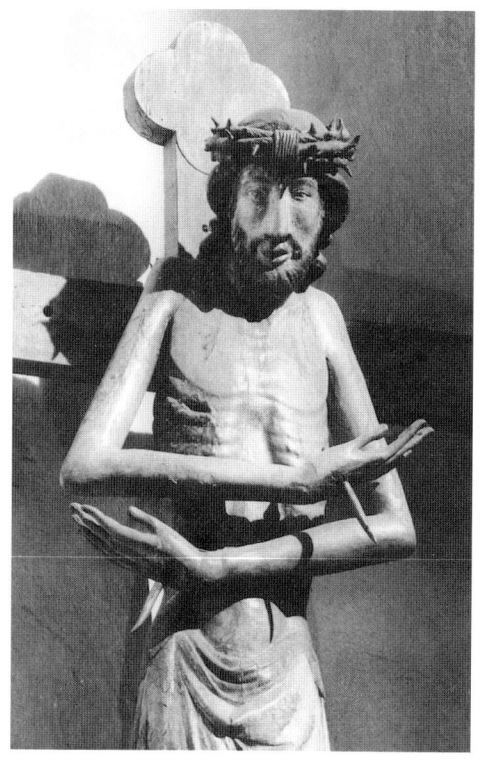

Erfahrungen

*A*usgespannt – umschließend, – ver-bunden – auferstanden. Schützend. Umarmung.

Viele Menschen erfahren diese Gebetshaltung in einer Wohlspannung als bewahrende Kraft.

Aus der Tradition

Diese Urgebärde finden wir seit der Altsteinzeit auf Gravierungen in verschiedenen Höhlen Europas bis in die neuere Zeit in unterschiedlichen Kulturen. Auf den Darstellungen scheint es mehr ein Öffnen als ein Umschließen zu sein.

Im Neumünster in Würzburg, ist ein beeindruckender Christus am Kreuz von 1300. Seine Arme sind schon gelöst zu einer Umarmung.

Wegweisendes: Einen Baum umarmen

In einem Kurs von der Findhorngemeinschaft »The quickest path to God is through the forest!«, in den Black Hills in Schottland, bekam ich einen Impuls zu folgender Meditation: Wir finden in der Gruppe eine Partnerin, einen Partner. Vielleicht jemand, mit dem man bisher noch keinen Kontakt hatte.

Die Person A verbindet der Person B die Augen. – Von da an findet die Übung im Schweigen statt. A führt B achtsam, vielleicht nicht auf dem direkten Weg, zu einem Baum.

B lässt sich führen. – Schon das Führen und das Führenlassen ist eine Wahrnehmungs-Übung für sich. – A bringt die Hände von B sachte in die Nähe des Baums und tritt einen Schritt zurück. A bleibt aufmerksam als Zeuge und auch zum Schutz bei B.

Es ist B überlassen, wie sie mit dem Baum Kontakt aufnimmt: Vielleicht wird der Baum erst begrüßt und um Erlaubnis gebeten, sich ihm zu nahen: durch Hören, Tasten, Riechen oder auch Schmecken, durch den ganzen Körper, nonverbal. Die Augen bleiben geschlossen.

Interessant ist auch, die Bodenbeschaffenheit wahrzunehmen, aus der dieser Baum wachsen konnte.

Wenn B die Begegnung mit dem Baum beendet hat, gibt sie A ein Zeichen. – A führt B zurück zum Ausgangspunkt, vielleicht nicht auf dem direkten Weg. – Hier löst B ihre Augenbinde. – Spüren, wie sie jetzt da steht.

Dann lässt sich B von dem Baum rufen und folgt dem Ruf und findet ihn mit offenen Augen. – A begleitet B als Zeuge und zur Bestätigung, dass sich die Richtigen gefunden haben.

Dann werden die Rollen getauscht.

Diese Übung stärkt das Vertrauen in die eigene Intuition, die wir alle haben. Meistens messen wir ihr aber nicht genug Gewicht bei. Oder verdrängen sie immer wieder.

Die Übung stärkt den Kontakt zur Natur und ganz besonders zu Bäumen. In einem bekannten lettischen Volkslied wird gesungen:

Was gibst du mir, Mutter Erde, und was geben wir dir, damit die Eichen nicht sterben?

Bei vermehrtem Kontakt mit Bäumen können wir wahrnehmen, welche Heilkraft Bäume haben, und dass es Bäume gibt, die Kraft geben und Bäume, die Kraft nehmen.[18]

Es ist sinnvoll, dass diese Übung innerhalb eines längeren Kurses nicht am letzten Tag gemacht wird, so dass genügend Zeit bleibt, den Kontakt zu dem Baum zu vertiefen, vielleicht auch einmal zu unüblicher Zeit.

4. Urgebärde: Gesammelt

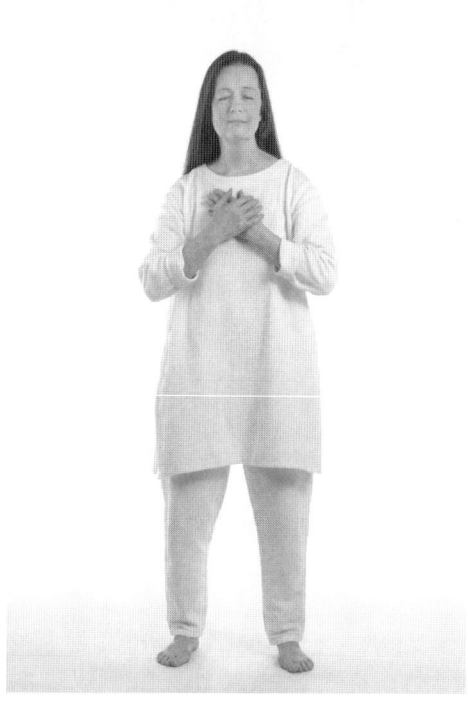

Sich atmen lassen. – Sich strecken lassen. – Sich weiten lassen. – Auch im Rücken. – Durch und über den Rücken hinaus.

Den Kontakt zur Leibesmitte. – Leichtes Sinken aus der Mitte. – Arme und Hände verdichten sachte den lebendigen Raum vor der Brust. – Spüren, was da ist, bevor die Hände sich und bevor die Hände die Herzensmitte berühren.

Es soll jedem selber überlassen sein, wie er die Hände zusammenbringt. – Gleichzeitig ein leichtes Steigen des ganzen Körpers.

Spüren, was da ist, wenn die Hände die Herzensmitte berühren.

Erfahrungen

Innige Liebe. Gesammelt. Mir geht das Herz auf.

Aus der Tradition

Es gibt mannigfaltige Formen und Gründe in allen Kulturen, die Hände vor der Brust zusammenzulegen.

Wegweisendes

Diese kleine Bewegung, mit Achtsamkeit ausgeführt, kann uns tief anrühren. Die Hände auf der Herzensmitte ist nur eine Momentaufnahme.

Die Übung

Aus der Wahrnehmung des Raumes, aus der Weite – die Hände auf der Herzensmitte zusammenkommen lassen.

Anleitung

Noch in der 3. Urgebärde den Raum um sich wahrnehmen. – Den Blick in die Weite. Soweit das Auge reicht.

Wir sind größer als unsere Gestalt. Wir sind Raum um uns und mehr. Den Raum mit allen Poren hören, riechen, schmecken. Die vorhergehende 3. Urgebärde beinhaltet ein Öffnen in die Weite, und ein gleichzeitiges Umfassen, Schließen. Durch dieses Schließen, öffnen wir uns der Weite. Dort zerfließen wir nicht, sondern sind gleichzeitig zentriert.

Bevor wir nun in der 4. Urgebärde schließen, dehnen wir uns aus, soweit wir gleichzeitig zentriert bleiben können. Von da aus schließen wir. Das bedeutet aber nicht »Tür zu«, denn wenn wir die größtmögliche Weite in unser Herz schließen, bedingt das ein inneres Öffnen.

Öffnen braucht Schließen. Schließen braucht Öffnen: Sie bedingen sich gegenseitig. Wie Tag und Nacht. Grundlage ist das Schließen.

Gibt es ein Öffnen und Schließen, so bildet doch das Schließen die Wurzel.[19]

Mit anderen Worten: Es besteht die Möglichkeit, schließenderweise eine Tür wahrzunehmen, die schon immer geöffnet war.

Da wo mein Herz ist, sind meine Gedanken, und wo meine Gedanken sind, ist meine Kraft und da kann das Leben sich entfalten.

Jiao Gourui

Durch die verstärkte Aufmerksamkeit auf die Herzensmitte, besteht die Gefahr, dass die Lebenskraft im Körper vermehrt nach oben steigt und ins Ungleichgewicht gerät. Die Verwurzelung gehört in die Leibesmitte.

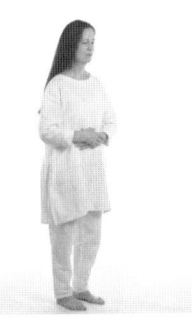

*Die Hände übereinander von der Herzensmitte auf den Nabelbereich senken.
– Innehalten und nachspüren.
Sich atmen lassen.*

Leichtes Sinken des ganzen Körpers. – Gleichzeitiges inneres Aufrichten. – Die Hände übereinander vom Nabelbereich auf das Schambein senken.

Die Innenhandflächen nach oben drehen. – Die Hände zu einer Schale ineinanderlegen. – Sich atmen lassen

5. Urgebärde: Eine leere Schale

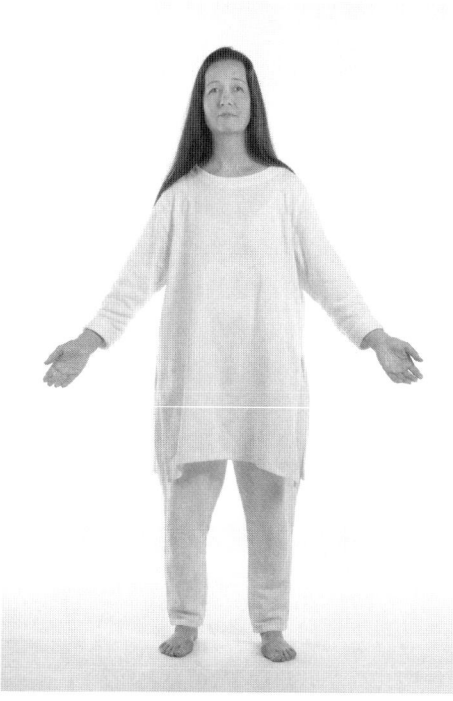

*E*s ist wie eine leere Schale, die, indem sie gebraucht wird, niemals vollgefüllt werden kann. Bodenlos, scheint es die Quelle aller Dinge zu sein.

Lao-Tse

Die Übung

 Den Stand verbreitern. – Sich atmen lassen.

 Den Raum unter den Achselhöhlen und Armen spüren.

 Arme und Hände öffnen, in luftigem Abstand zum Körper.

 Den Raum unter sich –

den Raum hinter sich –

den Raum über sich –

den Raum vor sich –

den Raum in sich –

den Raum zu beiden Seiten.

Anleitung

 Sich atmen lassen durch die Leibesmitte bis in den Beckenboden.

 Den Raum unter den Achselhöhlen, Armen und Händen spüren.

 Beine und Füße spüren. – Den Stand verbreitern, etwa schulterbreit. – Leichtes Steigen aus dem Kontakt zur Erde mit den Füßen. – Gleichzeitiges Weiten und Öffnen der ineinander gelegten Hände.

Die Erde in die Weite mit einschliessen und in einem weichen Bogen die Arme zur Seite führen. – Sich innerlich in diese Gebärde hineinbewegen lassen durch das natürliche Wehen des Atems.

Die Achselhöhlen sind leicht geöffnet. – Abstand der Arme zum Körper. – Die Lufttemperatur wahrnehmen mit den Armen, Händen, Fingern und zwischen den Fingern.

Sich atmen lassen bis in die Fingerspitzen. – Sich atmen lassen bis in die Zehenspitzen.

Da sein wie eine leere Schale!

In dieser Gebärde ist es möglich, sehr lange zu stehen. Es ist auch möglich, ganz bewusst das Gewicht zu verlagern, oder sich weiter zu bewegen, zu gehen.
Die Gebärde ist einfach. Aber es ist nicht leicht, wie eine leere Schale dazustehen. Die Hände füllen sich sofort.
Meist schnell erinnert man sich an die Geschichte vom »Sterntaler«. Für viele Menschen ist die Erfahrung tröstlich, dass sich die Hände immer wieder füllen. Für andere ist es ein Segen zu erfahren, dass sie mit leeren Händen wirklich gut in der Welt stehen.

Erfahrungen

Ich bin wie ein Baum, Regen und Sonne, Segen kommt aus der Höhe. Meine Seele tropft aus den Fingern. Hingabe und beschenktwerden. Offen – Hingabe. Offen – Empfangen.
Staunen. Geben und empfangen können. Durchlässig. Verletzlich.
Loslassen. Bereit zu geben. Passiv. Empfänglich.
Außen geboren worden sein. Offensein. Da-sein.
Offensein für das, was geschieht oder nicht geschieht.
Komm, denn es ist alles bereit.

Aus der Tradition

Dieses Urgebet findet sich in verschiedenen Kulturen z.B in Kleinasien und im antiken Griechenland, vornehmlich in Abbildungen weiblicher Gottheiten wie Venus oder Artemis. In der Folge sind viele Mariengestalten mit dieser Gebärde dargestellt.

Wegweisendes

Diese Gebärde ermöglicht große Offenheit.
In einem sakralen Raum, am Wasser, auf einer Obstwiese, im Morgennebel oder beim Weg durch die Straßen bei Wind und Wetter. Oder zu zweit sich gegenüber stehen und sich so mit allen Sinnen begegnen. Offene Hände bestimmen nicht, nicht den anderen und nicht sich selbst. Sie lassen geschehen. Mir geschehe.

Die Ros' ist ohn' Warum,
sie blühet, weil sie blüht.
Sie acht' nicht ihrer selbst,
fragt nicht, ob man sie sieht.

Angelus Silesius

Kreuz, Sinnbild des Kosmos.
Der senkrechte Balken: Bild für das Himmlische.
Der waagerechte Balken: Bild für das Menschliche in uns.
Kreuz, die Gestalt unseres Körpers.
Das Senkrechte: Bild für das Göttliche in uns.
Das Waagerechte: Bild für das Menschliche in uns.
Beides gehört zu unserer Gestalt.

Die Übung

Die Arme weiten in den Raum zu beiden Seiten.

In der Bewegung von der Vertikalen in die Horizontale, die Vertikale nicht verlassen.

Anleitung

In der 5. Urgebärde sich in den Bauch atmen lassen.

Becken und Arme leicht senken. – Im Sinken den Raum unter sich spüren. – Den Kontakt zur Erde unter dem kleinen Finger, Handkante und in Fortsetzung Handgelenk außen, Unterarm, Ellbogen, Oberarm. – Dieses Sinken ist wie ein Anlaufnehmen, um zu steigen.

Die Arme bleiben in Kontakt nach unten, und gleichzeitig drängen sie mit der oberen Seite, mit der Oberhand in den Raum, bis die Hände etwa auf Schulterhöhe sind.

Leichtes Nachsinken in die Mitte. – In Verbindung mit der Mitte die Arme rund weiten, als würden sie ein großes Rundes, die ganze Schöpfung, umarmen.

Sich atmen lassen. – Die Anstrengung spüren, die es kostet, so zu stehen. – Wenn es zieht, dahin spüren. – Sich auch in die Schultern, in den Nacken atmen lassen.

Wenn wir davon ausgehen, dass in einer Urgebärde das Innerste außen sichtbar wird, liegt unsere Achtsamkeit auf dem Inneren. Praktisch vollziehen wir – dem Inneren entsprechend – äußerlich eine Körperhaltung nach. Gleichzeitig sind wir mit unserer Aufmerksamkeit etwa zu 70% in unserem Inneren und spüren, wie es sich anfühlt. Zu nur etwa 30% achten wir auf die sichtbare äußere Form. Was wir also im Inneren des Körpergebets spüren, sollte dreimal so »groß« sein wie das, was nach außen sichtbar wird.

Ein Erfahrungsbericht

*D*ie Sonne über den Weinbergen wärmend im Rücken. Unter den Füßen der Ackerboden, hart wie Stein. Schon lange wartet der Winzer auf Regen. Ein einziges Geräusch in dieser weiten Landschaft: Die Autobahn, dort hinter den Hügeln: Lastwagen und Lastwagen und Lastwagen, Tag und Nacht. Manchmal nachts oder sonntags früh kurze Momente der Stille. – Und meine Schultern hier: die Trabantenstadt dort. Hier mein Nacken. Hinter mir die Sonne. Die Wärme auf den Handrücken. Die Wärme in den Innenhandflächen. Aufgespannt. Umarmend: die Autobahn, die Trabantenstadt, das trockene Land.

Stehen. Nur Stehen. Atmen. –
In der Mitte, zwischen den Händen, so weit entfernt, als würde es zerreißen – das Herz.
Es ist, wie wenn in einem geliebten Garten 50 Bäume gefällt werden.
Es ist der junge Mann von nebenan, der gestern auf der Autobahn zu Tode kam.
Es sind die Nachrichten von heute früh, Kosovo, Ruanda, Osttimor – es ist – die eigene Täterschaft.
Es ist heiß im Herzen .–
Es strömt in die Hände – warm.
Es ist, als würde es sagen – handelt! –
Es ist wie ein Handeln im Nichthandeln.–
Es ist eine Umarmung, – ein Weitwerden.
Es ist ein Ja-Sagen am Montagmorgen.

Aus der Tradition

Das Ausbreiten und Erheben der Hände war, in der frühen Kirche, die Gebetshaltung schlechthin. Beten ist identisch mit »seine Hände zu Gott erheben«. Die ersten Christinnen und Christen übernahmen damit die Gebetsgebärde, die bei allen Völkern der Antike üblich war. Tertullian schreibt:

*W*ir aber, wir erheben die Hände nicht nur, wir breiten sie sogar aus, und dem Leiden unseres Herrn uns nachbildend, bekennen wir auch im Gebete Christus.[20]

Das Kreuz, ein Ursymbol, ist sehr viel älter als das Christentum. Es existiert, seit es Zeichen von Menschen gibt.

Es meint die Richtungen und gleichzeitig diese andere Dimension, die Liebe Gottes, in der die Gegensätze aufgehoben sind. In unserer Leibgestalt ist es das *Jetzt,* Aufgerichtetsein zwischen Himmel und Erde, und das *Hier,* Ausgebreitetsein im Raum. In der Verschmelzung von Zeit und Raum, von Jetzt und Hier ist die Herzensmitte. Das Kreuz, ein Symbol für das Leben selbst. Das Kreuz, eingezeichnet in uns. Wir können es nachzeichnen und uns zum Leben bekennen, indem wir unsere Hand auf der Stirn spüren, auf der Herzensmitte, auf der linken Schulter und auf der rechten Schulter.

Wegweisendes

Die meisten Kursteilnehmerinnen und -teilnehmer assoziieren mit dem Kreuz zunächst das Leiden, das Kreuz, das sie zu tragen haben. Die Bedeutung des Ausstreckens und Ausbreitens der Arme ist aber so vielfältig wie das tägliche Leben: Wie breiten eine Frau und ein Mann die Arme aus, um sich in Liebe zu begegnen? Wie breitet ein Kind die Arme aus, um sich in den Schoß der Mutter zu flüchten? Oder ein Soldat, wenn er gefangen wird?

Oder wie breitet ein Mensch die Arme aus beim Empfang einer schlimmen oder einer freudigen Nachricht?

Dieses Gebet ist für viele anstrengend: *Die Grenzen wahr-nehmen. Zwischendurch einfach loslassen. Beim Wiederholen spüren, wie es sich anfühlt, bevor die Grenze erreicht ist.* Eine gute Übung für den Alltag: Nicht mehr zu geben als wir haben. Meistens spüren wir die Grenze erst, wenn sie schon überschritten ist.

Die eigene Kraft kann innerhalb der Grenze vermehrt und gestärkt werden.
Wenn wir unsere Grenze gut kennen, ist es auch möglich, sie ganz bewusst zu überschreiten. Wie ist es, stehend, selbst Kreuz zu werden?
So wie in Jesus Christus sich Himmel und Erde, Gott und Mensch verbunden haben, verbindet sich auch in uns göttliches und menschliches Leben.
In meinem Leib, in Gebärde und Tanz, ist das Göttliche eingebettet. So wird die Urgebärde zur Form, in der Gott sich ausdrückt. Und so lässt sich auf der Erde der Himmel entdecken.

7. Urgebärde: Himmel und Erde

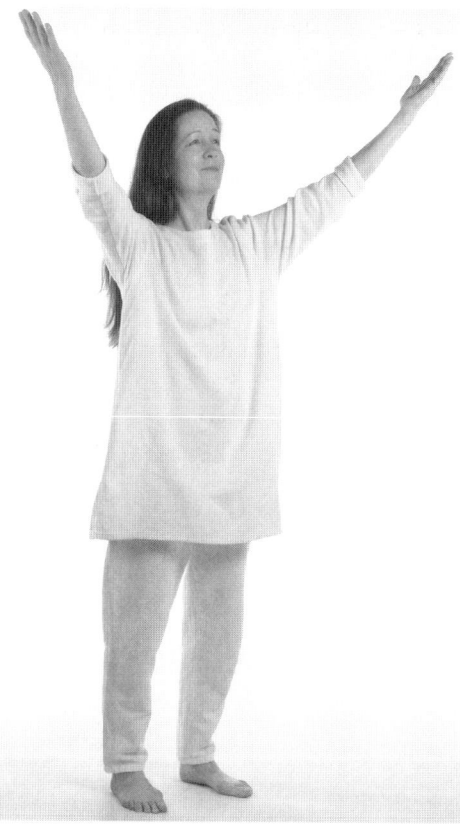

Ein Baum kann nur so weit in den Himmel wachsen, wie er in der Erde verwurzelt ist.

Die Übung

● *Aus dem Verwurzeltsein, die Handinnenflächen nach oben drehen und die Arme weiter heben.*

Anleitung

● *Die Erde spüren. – So bin ich jetzt da. – So bin ich Erde.*

● *Sich bis ins Becken, bis ins Kreuzbein atmen lassen.*

● *Leichtes Sinken. – Gleichzeitig Innenhandflächen nach oben drehen. – Aus dem Boden, aus dem Kreuzbein und aus der Leibesmitte die Arme strecken und so weit zum Himmel wachsen lassen, dass sich Schultern/Nacken nicht verspannen.*

● *Sich vorstellen, dass die Arme nicht erst in den Schultern beginnen, sondern im Kreuzbeinbereich wie grosse Flügel, die vom Kreuz her getragen werden.*

● *Die Hände weiten sich gestreckt in natürlicher Fortsetzung der Arme. – Da ist Raum zwischen den Fingern.*

● *Den Himmel spüren. – So bin ich jetzt da. – So bin ich Himmel.*

● *Leichtes Nachsinken, so dass die Knie nicht ganz durchgedrückt sind. – Gleichzeitig in Kontakt bleiben mit der Leibesmitte. – Mit der Erde. – Sich atmen lassen. – Den Nabelbereich spüren.*

● *Himmel und Erde: das bin ich.*

90

Erfahrungen

Über die Kreuzeshaltung zum Himmel flehen: Erbarme Dich unser.
Ich bin wie eine Vase und warte, dass ich gefüllt werde.
Magnificat anima mea – Meine Seele preist. Bereit anzunehmen. Gott und Mensch. Himmel und Erde.

In der Tradition des Körpergebets verwischen sich die Grenzen zwischen Ausbreiten und Erheben der Arme. Es handelt sich um eine der bekanntesten und beliebtesten Gebetsgebärde.

Im Sumerischen bedeutet eines der Worte für das Beten »su-il-la« oder »su-il-la-kam« »Erheben der Hand«.
Bei den Ägyptern gibt es eine alte Hieroglyphe, die einen Menschen mit ausgestreckten Händen darstellt und »Lobpreis« bedeutet.[21]

Wegweisendes

Himmel und Erde sollen im Gleichgewicht in uns sein. Das bedeutet himmlische Leichtigkeit und Erdenfülle.

Da die wesentliche Lebenskraft in uns von Natur aus die Tendenz hat, wie die Wärme zu steigen, ist es wichtig, in solch einer Gebetshaltung verstärkt auf die untere Fülle im Nabelbereich zu achten. Im Qigong gibt es einen wichtigen Leitsatz: »Unten fest, oben leicht.« Es ist sinnvoll, nur so lange in diesem Gebet zu bleiben, wie wir auch in Kontakt mit unserer Mitte sein können. Wenn jemand zu hohem Blutdruck tendiert, sollte er auf keinen Fall länger in den Gebeten mit erhobenen Armen verharren.

Ein übermäßiges Steigen führt zum Schweben, überwiegt das Sinken, so stellt sich Stabilität ein.[22]

Anleitung

◦ Von der 7. Urgebärde her – aus der Erde, dem Raum unter uns, durch Füsse, Beine, Becken, Kreuzbein, die Arme sich weiter strecken lassen, wobei die Arme nie ganz durchgedrückt sind. – Die Schultern entspannen. – Die Verbindung zur Leibesmitte bleibt.

◦ Die Lufttemperatur, den Raum um die Hände, den Raum zwischen den Fingern erspüren. – Den Raum über dem Scheitel erforschen: Der Himmel zwischen den Händen.

◦ Mit leicht entspannten Händen und Fingern einen runden Raum spüren: vielleicht einen Ball aus Licht.

◦ Kontemplativer Blick in die Weite.

◦ Sich atmen lassen.

Erfahrung

Aus dem Religionsunterricht von 11-12-Jährigen:

Ich habe gespürt, wie der Boden mich getragen hat. Wo ich die Hände hochhob, meinte ich, dass ich die ganze Welt heben würde. Als ich aufrecht stand mit den Händen nach oben, hatten meine Fingerspitzen und der Himmel auch irgendwie Kontakt. Freiheit im Leben. Man war frei. Ich fand es aber nicht gut, als wir mit den Hän-

Von der Tiefe bis hoch zu den Sternen, durchflutet Liebe das All.
                    Hildegard von Bingen [23]

Die Übung

◦ In Kontakt bleiben mit der Leibesmitte.

◦ Die Arme weiter heben. Den Raum zwischen den Händen erspüren.

94

den nach oben gestanden sind. Ich habe an nichts gedacht. Ich habe Gott in mir gespürt, ich habe richtig gespürt, dass er mir helfen will. Als wir die Arme und Hände hochstreckten, habe ich gedacht: jemand liegt in meinen Händen. Ich habe mir vorgestellt, dass es mein Urgroßvater war. Wenn man die Hände nach oben streckt, denkt man, man hat Gott in den Händen. Als wir die Hände hochgehoben haben, meinte ich, man spricht mit Gott.

Aus der Tradition

Diese Urgebärde begegnet uns im Vorderen Orient und im Balkan: Höhlentempel Magurata, (s. Abb. S.131);

Zur Hochzeit, die immer auch heilige Hochzeit zwischen Himmel und Erde war, tanzten die Brautjungfern in der Gebärde der Göttin vor dem Brautzug zum Haus des Bräutigams. Mit Füßen und Händen wurde der Weg durch den Tanz gereinigt und geheiligt.

In Ägypten gibt es das Bild der Himmelsgöttin Nut. Sie verleibt sich abends die Sonne ein, um sie morgens wieder zu gebären.

95

Wegweisendes

»Himmel« ist nicht etwas, das weit weg
wäre, nicht etwas »dort oben«, in das man
auffahren muss. Bei Gott gibt es weder
Raum noch Zeit. Himmel ist hier und jetzt
und war schon immer da.

Er umgibt uns von allen Seiten und durchdringt uns.

Wir bringen den Himmel auf die Erde.
Himmel und Erde sind wir.

9. Urgebärde: Im Herzen bewegen

Ich höre das Herz des Himmels
pochen in meinem Herzen
Rose Ausländer [24]

Die Übung

    Den Raum zwischen den Händen vor dem Gesicht, Hals, zur Brust senken. Einrahmen der Herzensmitte.

Anleitung

    Sich in der 8. Urgebärde nur einen Augenblick strecken, von den Fußsohlen aus der Erde durch den lichten Ball bis in die Fingerspitzen zum Himmel – um durch die Hände, durch die Arme den Himmel vor dem Gesicht, vor die Herzensmitte zu senken. – Innehalten.

    Gleichzeitig ist der ganze Körper leicht gesunken und richtet sich mit dem Innehalten wieder auf.

    Die Achselhöhlen sind geöffnet. – Das Umfassen und gleichsam das Aufspannen der Hände spüren.

    Den Blick auf die Hände oder »in die Weite nach innen« gerichtet. – Hineinhorchen in diese Gebetshaltung. – »Horch« den Raum zwischen den Händen. Jetzt.

    Sich atmen lassen bis ins Becken und bis in die Füße.

Horch, der Himmel ist in dir!

Hier wird deutlich, wie eine Gebetshaltung die andere unterstützt. Von der 4. Urgebärde ausgehend, finden die Hände in einem großen Kreis wieder zur Herzensmitte.

Ohne die Vorarbeit wirkt dieses Gebet flach. Durch den Umweg entfaltet sich erfüllte Schlichtheit.

Dieses einfache Umrahmen oder Einrahmen des Brustraums hat sich in der Arbeit

mit den Kursteilnehmerinnen und -teilnehmern ergeben. Es entsteht immer wieder ein Hören, ein Horchen. Für einige ist es ein Lesen aus dem Herzen. Manchmal kommen Gesänge oder Psalmen:

»Schon stehen wir in deinen Toren Jerusalem.« (Ps 122,2), oder »Gott, wie köstlich ist deine Huld! Die Menschen bergen sich im Schatten deiner Flügel.« (Ps. 36,8).

Immer wieder träumen Männer im Zusammenhang mit dieser Urgebärde, dass sie aus der Herzensmitte ein Kind gebären (vgl. die Abbildung »Maria des Zeichens«, S. 103.)

Erfahrungen

Ich empfinde eine tiefe Geborgenheit. Liebe. Wärme. Bewahren. Schützend. Das Herz braucht mehr Raum, als ich dachte. Schatz in meinen Händen. Liebevoll umsorgt. Geschenk halten. Zärtlichkeit. Berührung. Geheimnis. Staunen. Zentrieren. Zerbrechlich. Kraft des Herzens.

Wegweisendes

Wird Christus tausendmal zu Bethlehem gebor'n und nicht in dir, du bleibst doch ewiglich verlor'n
Angelus Silesius

Die Übung

  Wie stehe ich jetzt da? – In Kontakt sein mit der Unterlage.

  Aus dieser Erdung die beiden Pole der Hände wahrnehmen und spüren was zwischen den Händen ist.

  Die beiden Pole der Hände sich nähern lassen, bis sie sich berühren.

Anleitung

  Spüren der Fußsohlen und gleichzeitig der Innenhandflächen.

  Sich während der ganzen Übung atmen lassen: in den Bauch, – in den Rücken, – in die Seiten.

  Die Achselhöhlen sind immer noch geöffnet.

  Spüren, was zwischen den Händen ist.

  Sachte die Innenhandflächen sich nähern lassen.

  Spüren, wie sich das anfühlt, bevor die Hände sich berühren und wenn die Hände sich berühren.

Es gibt keine Bewegung im Körper, die nicht Einfluss hätte auf unseren gesamten Geistleib. Die kleinste Bewegung bewegt das Ganze. Die kleine Bewegung des Schließens lässt uns von der Leibesmitte her leicht sinken und wieder steigen.

Dies ist mehr eine innere Bewegung. Von außen kaum sichtbar aber spürbar.

Die meisten Übenden spüren zwischen den Händen besonders viel Energie und Kraft, *bevor* die Hände sich berühren.

Was geschieht in dem Moment, wenn beide Hände sich berühren? Rechts und Links verbinden sich. Etwas gleicht sich aus. Gedanken können beruhigt werden. Aus zwei wird eins.

Erfahrungen

*D*ankbarkeit, dankbar verbunden. Bei mir angekommen. Gesammelt, bei Gott und bei mir sein. Der Kreis ist geschlossen.

Aus der Tradition

Diese Gebärde des Händefaltens begegnet uns in allen Traditionen.
Im östlichen Kulturraum ist es üblich, mit dieser Gebärde von der Herzensmitte aus zu bejahen, zu grüßen, zu danken: Gott und Menschen.

In den ersten Jahrhunderten des Christentums war das Falten der Hände unbekannt. Das Einführen des Händefaltens hat man auf eine germanische Huldigungsform zurückgeführt: Beim Lehensvertrag reichte der Vasall die »gefalteten Hände« seinem Herrn hin, und dieser umschloss sie dann mit den seinigen.[25]

Wegweisendes

Wie berühren sich die Hände? Wie berühren wir andere mit unseren Händen? Wie berühren uns andere Hände? Jemand zeigte, wie Mutter Teresa ihm die Hand gegeben hat. Durch den berührenden Händedruck dieses Mannes, war Mutter Teresa für einen Moment da.

Hände hinterlassen einen Eindruck. Hände haben ein enormes Erinnerungsvermögen. Wenn sich Hände z.B. wirklich an den Händedruck einer Großmutter, eines Großvaters erinnern, können sich alle Sinne öffnen, und es riecht wie in der Küche der Großmutter und die Stimme des Großvaters klingt im Ohr. Die Welt eines dreijährigen Kindes kann sich öffnen.

Nicht selten ermöglicht diese Öffnung eine insgesamt umfassendere Wahrnehmung der Wirklichkeit. Hier und Jetzt.

Seit es Menschen gibt, zieht sich dieser Gestus in vielen Variationen durch Zeiten und Völker.
Hier eine mehr verinnerlichte Form, die die Herzensmitte etwas freigibt.

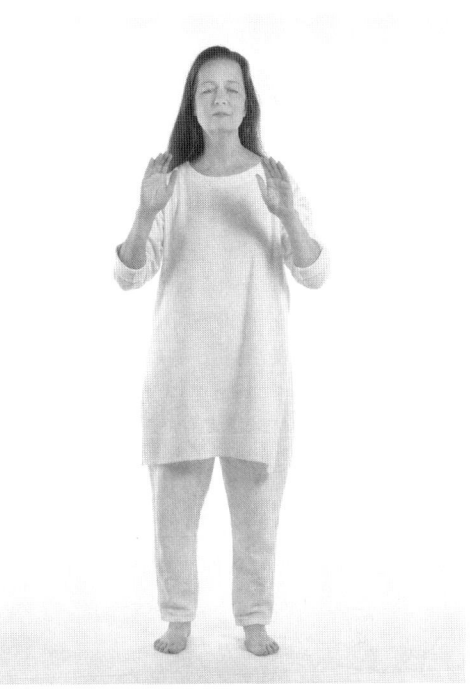

D ie Hände öffnen –
Das Herz öffnen

Die Übung

○ *Aus dem Spüren der Füße, der Leibesmitte und des Atems, in der 10. Urgebärde die Handflächen aneinanderdrücken, um sie zu lösen und zu öffnen.*

Anleitung

○ *Spüren der Innenhandflächen, – der Hände. – Spüren der Fußsohlen, – der Füße. – Spüren der Leibesmitte.*

○ *Sich atmen lassen. – Wahrnehmen der geweiteten Achselhöhlen und der Herzensmitte.*

○ *Gleichzeitig während der ganzen Übung mit der Leibesmitte, dem Nabelbereich, in Kontakt bleiben.*

○ *Die Innenhandflächen verstärkt drücken, um sie achtsam zu öffnen. – Angeführt von den Handkanten, der Kleinfingerseite, die Innenhand nach vorne öffnen.*

○ *Die Herzensmitte freigeben. – Spüren, innehalten.*

○ *Die sachte Bewegung des Öffnens geschieht mit einem gleichzeitigen Sinken der Leibesmitte. Becken, Knie und Füße geben nach. – Sich in die geöffnete Haltung hineinstrecken. – Die Knie werden nicht ganz durchgedrückt.*

○ *Gleichzeitig den Rücken wahrnehmen.*

○ *Nach innen hören.*

101

Erfahrungen

Wachsen lassen, von innen gestalten, gebären. Ich zeige mich dir, ich halte dir meine Verletzlichkeit hin. Ich höre und bezeuge. Ich bin ganz Ohrfläche. Ich ergebe mich Jesus Christus. Durchfließen lassen.

Aus der Tradition

Bete heißt in lat. Ora, und Orante meint den Betenden selbst. Im Christentum wird diese Urgebärde traditionell als »Oranten-Haltung« bezeichnet. Kein anderer Gebetsgestus ist über Jahrtausende hinweg in so vielen Kulturbereichen anzutreffen wie die Gebärde der erhobenen Hände.

Da die so markante Orantenhaltung trotz aller schwerwiegender Unterschiede bis auf den heutigen Tag über den ganzen Erdball hin üblich ist, sowohl in den Hochkulturen wie bei den Naturvölkern, bezeichnen wir sie als eine Ur-Gebärde des religiösen Lebens.[26]

Diese Urgebärde ist existentiell. Sie wird sichtbar, wenn es um Leben und Sterben geht. Neugeborene entfalten sich in der Rückenlage im Schlaf ganz natürlich in diese Haltung. Bei manchen Sterbenden öffnen und schließen sich Arme und Hände wie in Wehen, als wollte aus der Herzensmitte etwas geboren werden und müsste sich etwas Raum schaffen. Gleichzeitig scheint es eine Gebärde des Empfangens, der Hingabe zu sein.

In den römischen Katakomben sind die Verstorbenen als Orantinnen dargestellt. Durch die Hände Segen empfangend, Segen spendend?
Deutlicher wird diese Segenempfangende und -spendende Urgebärde auf der Ikone »Maria des Zeichens« (S. 103).
Nicht nur in diesem Gebet, sondern in jedem Gebet, bei allen Völkern, spielen die Hände eine Hauptrolle.
Gott manifestiert sich in unseren Händen. Gott handelt durch unsere Hände. Als »den geistigsten Teil des Körpers, neben

Wir vergessen oft, wie heilsam Hände sein können. Wie oft ist die Rede von Händen: sowohl im Alten Testament als auch im Neuen Testament. Bei Mt 9,18 bittet der Synagogenvorsteher Jesus um die Heilung seiner Tochter: »… komm doch, leg ihr deine Hand auf, dann wird sie wieder lebendig.« Später heißt es: »Er trat ein und fasste das Mädchen an der Hand; da stand es auf.« (Mt 9,25)

dem Antlitz« bezeichnet Romano Guardini die Hand. Sie ist das ausführende Organ des Herzens. »Die Seele spricht unmittelbar aus ihr.«

Es gibt Hände, welche Sonnenstrahlen in sich tragen und deren Berührung Wärme in das Herz bringt.
Helen Keller [27]

Wegweisendes

Wie können Hände berühren, empfangen, tragen, arbeiten, nehmen, greifen, begreifen, gestalten, handeln, behandeln, heilen, segnen, schützen, helfen, geben, schlagen? Wie können Hände morden? Hände können Schlimmes bewirken, und Hände können Gutes bewirken.

Können wir unsere Hände nach getaner Arbeit einfach in den Schoß legen? Können wir unsere Hände loslassen?

Anleitung

- Den Raum spüren unter den Fußsohlen.

- Den Raum spüren hinter den Beinen, Gesäß, Rücken, Nacken, Kopf – Den Raum spüren über dem Scheitel – Den Raum spüren vor Gesicht, Hals, Finger, Händen, Armen, Brust, Bauch, Geschlecht, Beinen und Füßen. – Den Raum spüren zu beiden Seiten.

- So bin ich jetzt da.

- Sich atmen lassen bis in die Fußsohlen.

- Während der ganzen Übung in Kontakt bleiben zur Leibesmitte, – zwischen Bauch und Rücken.

- Den untersten Rücken, das Steißbein, spüren und leicht nach unten senken. – Die Knie geben nach. – Den Stand etwas verbreitern.

- Sich aus dem Kontakt zum Boden unter den Achselhöhlen weiten lassen und die Arme und Hände weiter öffnen.

- Wahrnehmen, dass die Schultern, Arme und Hände vom unteren Rücken gestützt werden.

- Aus der Verwurzelung präsent sein durch die Herzensmitte.

Die Übung

- In Kontakt mit den Füßen zur Unterlage gleichzeitig weiter die Leibesmitte spüren und sich in den Bauch atmen lassen.

- Aus dieser Verwurzelung die Herzensmitte zum Blühen bringen.

- Sich öffnen in den Achselhöhlen.

- In Verbindung mit dem unteren Rücken die Arme und Hände weiten.

104

Erfahrungen

Strömung. Bereit. Voll Vertrauen bin ich bereit. Offen – und die Kraft ist da. Wie Antenne und Sender sein. Teilen und Mitteilen. Senden und hinausschicken zu den Menschen, was ich von Gott bekommen habe. Durchgeben: Bekommen, zurückbekommen und innehalten. Fürsprechen, beschützen, segnen.

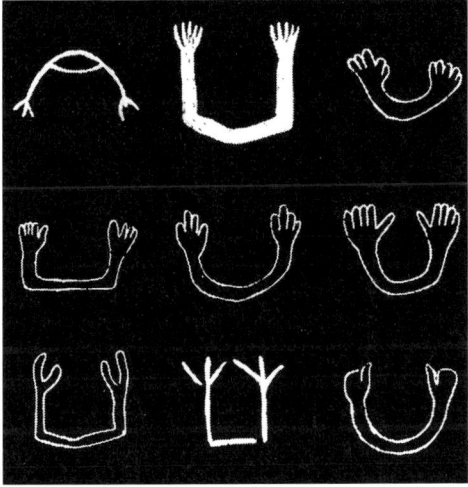

Aus der Tradition

Im alten Ägypten gibt es die Hieroglyphe KA, zwei ausgebreitete, in den Ellbogen rechtwinklig aufgerichtete Arme mit flach ausgestreckten Händen.[28]

Die neuere Forschung deutet die Ka-Vorstellung, dass das Leben »aus einer höheren Kraft fließt, die in dem Körper wirkt und damit recht eigentlich Träger des Lebens ist. Diese Kraft ist der Ka.[29]

Isis wird oft in dieser Hieroglyphe dargestellt. KA, die grundlegende Lebenskraft, strömt durch beide Hände durch die Herzensmitte.

»Ka« erinnert an das japanische »Ki« oder an das chinesische »Qi«.

Zhang Jingyue, ein chinesischer Arzt der Ming-Zeit, schreibt:

Alle Funktionen des Lebens basieren auf Qi, alle Dinge im Universum beruhen auf Qi, ...[30]

Wegweisendes

Die Welt, die Umwelt wird gestaltet aus dem Innersten des Herzens jedes Menschen; und jeder Mensch trägt Verantwortung in seinen Händen, für die gesamte Welt.

Ein Abschnitt aus einem Erfahrungsbericht zeigt auf, wie dies zu verstehen ist:

Nach intensivem Üben erlebe ich beim Händewaschen immer wieder staunend, wie durch ein Wunder nach Betätigung der großen Stahlschraube Wasser hervorsprudelt. Beim Waschen erfahre ich, dass da kein Unterschied ist zwischen Wasser und Händen. Waschen meine Hände das Wasser, oder umgekehrt? Natürlich weiß ich gleichzeitig, dass es umgekehrt ist. Aber meine Wahrnehmung ist umfassender und gleichzeitig wertfrei. Das Wasser, mit dem ich meine Hände wasche, ist genau so wertvoll wie meine Hände. Was so wertvoll ist, kann nicht einfach gedankenlos verschleudert werden. Ich kann zum Beispiel kein Wasser mehr stundenlang unnütz laufen lassen.

Für die Welt, für die Umwelt Verantwortung in Händen zu tragen, ist nicht etwas, was man machen kann, was aus einem guten Vorsatz oder einem guten Gedanken geschieht, sondern aus dem Kontakt mit dem Innersten des Herzens. Es erinnert sich etwas in mir an das große Ganze, und es ist gleichzeitig diese Erinnerung, die meine Gedanken prägt: Im Großen sehen, im Kleinen handeln.

Es geht um Achtsamkeit in jedem Handgriff.

13. Urgebärde: Kniend

*Das edelste Gebet ist,
wenn der Beter sich
in das, vor dem er kniet,
verwandelt inniglich.*

Angelus Silesius

Betrachten wir den Ablauf der Urgebärden im Jahreskreis, erinnert die 13. Gebärde an den Oktober. Wenn es unter den Blättern knospt, sinken sie golden zur Erde. Sie lassen ihre strahlende Farbe in der Erde vergehen, um selbst Erde zu werden für die Entfaltung der Knospen im kommenden Jahr.

Die Übung

    Aus der 12. Urgebärde kommend, vor dem Sinken sich weiten und vergrößern.

    Spüren der Hände, Herzensmitte, Bauch und Füße.

    Sich strecken aus dem Kontakt zur Unterlage.

    Sich hinknien mit dem einen und dann mit dem zweiten Knie. – Die Knie sind geöffnet.

(Wer körperliche Probleme mit dem Hinknien hat, übt mit einem Bänkchen oder Stuhl zur Entlastung der Knie.)

Anleitung

    Dieses »Ganz im Raum sein« der 12. Urgebärde noch einmal wahrnehmen. – Durch die Haut und über die Haut hinaus den Raum um sich spüren. – Vor allem auch Rücken, Schultern und Nacken.

    Sich atmen lassen. – Sich mit dem Atem strecken, in den Raum dehnen. – Den Kontakt der Füße zur Unterlage betonen.

107

Unterbauch und Becken wahrnehmen. – Nachgeben in den Knien. – Der Erde näher kommen. – Sinken.

Sich hinknien mit dem einen Knie, mit dem einen Fuß. – So ist jetzt der Kontakt zur Unterlage. – Sich hinknien mit dem zweiten Knie, mit dem zweiten Fuß. – Die Knie sind geöffnet.

So bin ich jetzt da. – So bin ich jetzt da, in Kontakt zum Raum unter mir, zur Erde.

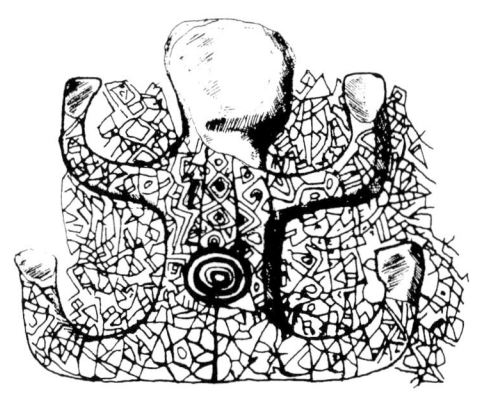

Erfahrungen

Mein Herz ist ganz offen für Gott. Ich empfange ihn, ohne ihn festhalten zu müssen. Freiheit. Erdkontakt. Loslassen. Gebären. Von innen gestalten. Wachsen lassen.

Obschon die wenigsten Frauen der Welt heute noch in dieser Körperhaltung gebären, erfahren sich hier immer wieder Kursteilnehmerinnen und -teilnehmer als Gebärende.

Durch das Öffnen der Knie, öffnet sich auch der untere Beckenraum. Es ist darauf zu achten, dass nicht alle Energie nach unten ausfließt. Zu der Öffnung spürt man gleichzeitig eine leichte schließende Kraft an den Innenseiten der Beine sowie im Becken. Dadurch kann diese Körperhaltung nicht nur im Beckenbereich, sondern insgesamt kräftigend und Leben spendend wirken. Bei Hildegard von Bingen ist das Knie ein »Organ der Festigung«. [31]

Aus der Tradition

In matrilinearer Zeit im alten Europa wurde die Göttin als Lebensspenderin in dieser Haltung dargestellt. Die Symbole, Rauten und Nabel, bringen dieses charakteristische Relief der »Froschgöttin« in Verbindung mit Erneuerung und Wiedergeburt.

Noch heute finden wir in der Schweiz im Engadin Häuser, die die Verkörperung des Wasser spendenden Lebens in eben dieser Gebärde zeigen (s. S. 109).

Die Urgebärde des Hinkniens fand Eingang in alle Kulturen und Religionen. Sei es in China, wo die Menschen immer noch oder wieder den Weg zum daoistischen Tempel knienderweise zurücklegen, sei es allgemein im fernöstlichen Kulturraum. Ebenso in orientalischen Kulten, wie bei den Wüstenmüttern und -vätern und im irischen Mönchstum, wo man gewohnt war, sich stundenlang immer wieder hinzuknien. Die Kniebeuge als Gebärde der

Demut. Ein Zeichen der Unterwerfung oder der Vergebung und der Auslieferung an Gott.

Oft ist in der Hl. Schrift die Rede vom Knien, z.B.: »damit alle im Himmel, auf der Erde und unter der Erde ihre Knie beugen im Namen Jesu.« (Phil 2,10) Klemens von Rom mahnt, »Die Knie des Herzens zu beugen« (Ohm,S.352) In der katholischen Kirche ist es nichts Besonderes, sich hinzuknien, vor allem seit der Reformation, um sich so von den Reformierten zu unterscheiden, die das Knien als falschen Glauben aus ihrer Kirche verbannt hatten.

In einem Weihnachtsbrief von Rainer Maria Rilke lesen wir:

Es ist so recht das Mysterium von dem knienden, von dem tiefknienden Menschen: Dass er größer sei, seiner geistigen Natur nach, als der stehende, welches in der Nacht gefeiert wird. Der Kniende, der sich ganz ans Knien gibt, verliert allerdings das Maß seiner Umgebung, selbst aufschauend, wüsste er nicht mehr zu sagen, was groß und was klein ist. Aber ob er gleich in seiner Abgebogenheit kaum die Höhe eines Kindes hat, so ist er, dieser Knieende, doch nicht klein zu nennen. Mit ihm verschiebt sich die Skala, denn er, indem er der eigentlichen Schwere und Kraft in seinen Knien folgt, und die Stellung einnimmt, die sich zu ihnen hin bezieht, gehört bereits zu jener Welt, in der Höhe – Tiefe ist, – und schon die Höhe unserem Blick und unseren Apparaten unermesslich bleibt-: wer ermäße die Tiefe? [32]

Wegweisendes

Wie erfahre ich mich im Knien?

Selbst verbale Gebete können durch das Knien an Tiefe gewinnen. Ohne etwas »übers Knie zu brechen«, geht es auch in dieser Gebärde darum, sie so lange immer wieder einzuüben, bis wir ganz Knien werden.

Anleitung

● *Die Erde unter den Knien, unter den Füßen, den Raum hinter dem Rücken spüren.*

● *Sich bis ins Becken atmen lassen.*

● *Den Raum vor dem Bauch, vor der Herzensmitte, vor den Händen. – Den Raum zwischen den Fingern, um die Hände, um die Arme, wahrnehmen. – Die Weite unter den Achselhöhlen.*

● *Mit den Armen und Händen den Raum vor der Herzensmitte sachte umschließen und verdichten.*

● *Spüren was da ist, bevor die Handgelenke sich berühren, und, wenn das rechte Handgelenk sich über das linke Handgelenk legt.*

● *Die Fingerspitzen berühren den Bereich des Schlüsselbeins.*

● *Sich atmen lassen.*

*E*s kann in Ewigkeit kein Ton so lieblich sein, als wenn des Menschen Herz mit Gott stimmt überein.

Angelus Silesius

Erfahrungen

*W*ieder kehre ich bei mir ein. In Ehrfurcht vor Gott kniend.
Maria vor dem Kind. Im Herzen bewegen. Herz spüren, Mitte.
Ich danke. Zurücknehmen, Raum geben, sich annehmen. Bewahren.

Die Übung

● *Den Raum vor uns verdichten.*

● *Die Hände sich nähern, die Handgelenke sich vor der Herzensmitte überkreuzen lassen.*

Anbeten. »Was er euch sagt, das tut.«
Mich schützen.
Geliebtes, das gehen will, loslassen.
Warten. Kraft meines Herzens. Liebe.
Hingabe. Ich überlasse mich vollkommen dem göttlichen Willen.

Aus der Tradition

Diese Urgebärde findet sich in vielen Kulturen im asiatischen, im orientalischen und im christlichen Raum. Schon die alten Ägypter sowie die Römer kreuzten zum Gebet die Arme vor der Brust.

Die Herzensmitte wird bekräftigt und geschützt durch das »Andreas-Kreuz« der Arme, der Hände.

In der Schweiz ist der Hl. Andreas noch heute Schutzpatron mancher Kirchen. Vielerorts im Engadin befinden sich Andreaskreuze über Fensterläden und Hausfassaden. Auf dem abgebildeten Sgraffito ist das Andreaskreuz auf einer weißen Form zu sehen, die das »Oben wie Unten« andeutet. Es beschützt das Haus und seine Bewohner. Die Eintretenden heißt es willkommen:

Wegweisendes

Ab und an im Sitzen, im Liegen oder im Stehen, mit Händen, Handgelenken und Armen, diesen Raum vor uns spüren und zur Herzensmitte hin schließen, so dass die Fingerspitzen jeweils in Kontakt kommen zum Schlüsselbein. Einen Moment innehalten. Die Handgelenke wieder öffnen und weiten.

Wenn das Handgelenk sich in Einklang mit dem Geist bewegt, geben Berge und Wasserläufe ihre Seele preis.

(17.Jh. Shi Tao)

◦ *Im Sitzen oder Stehen das rechte Handgelenk über das linke legen.*

◦ *Sich leicht nach vorne neigen. – Sich leicht nach hinten neigen. – In der Mitte innehalten.*

◦ *Die Handgelenke öffnen. Jetzt das linke Handgelenk über das rechte legen.*

◦ *Die Bewegungen wiederholen. – Innehalten. – Nachspüren.*

15. Urgebärde: Ich nehme mich an

*G*ott ist in der Mitten,
Alles in uns schweige
Und sich innigst vor ihm beuge.
Teerstegen

Die Übung

- *Sinken.*

- *Die Erde berühren mit den Händen und der Stirn.*

(Wenn diese Haltung unangenehm ist, oder Kopfschmerzen verursacht, sollte man nur kurz in dieser Urgebärde verweilen. Vorsicht ist geboten vor allem bei Menschen mit Tendenz zu hohem Blutdruck!)

Anleitung

- *Sich atmen lassen.*

- *Sich aus der 14. Urgebärde mit dem Atem aufrichten.*

- *Sich beugen, sich verneigen, sich sinken lassen.*

- *Die Hände, die Stirn berühren den Boden, wie der erste Schnee, der die Erde kühl bedeckt.*

Erfahrungen

Eine Religionspädagogin erzählt, dass Kinder besonders gern in dieser Gebetshaltung sind. Sie würden sich oft fast alle gleichzeitig hinknien und die Stirn auf den Boden legen. Hier Kommentare der Kinder:

*I*ch habe gedacht, Gott ist bei mir und meine Sorgen habe ich hinter mir gelegt. Ich bete zu Gott. Er hört mich und versteht mich, wo ich mich hingekniet und meine Hand aufgemacht habe.
Man dachte, als ob Gott zu uns sprechen würde. Der Boden war wie ein Magnet. Es waren seltsame Gefühle, z.B. als man die Stirn auf den Boden legte, gab es irgendwie Kontakt. Ich habe gedacht, ich schwebe. Man spürt richtig den Boden, auf dem man jeden Tag steht. Wenn man kniet, spürt man den Boden, der uns fast immer trägt. Warm war es. Es war hell! (Der Raum war verdunkelt.) Ich muss meinen Schatz

behüten. Ich habe Kontakt mit dem Boden.
Ich habe sehr viel Wärme gespürt. Dass
irgendetwas mitgeht. Wärme, die durch
den Körper fließt. Geborgenheit in der
Klasse. Gemeinschaft und Freundschaft.
Manchmal dachte ich, ich falle tief in die
Erde hinein und steige langsam wieder
auf. Ich meinte, Gott hält mich in der Hand.
Er will mir helfen.

Aus der Tradition

Diese Urgebärde der Niederwerfung findet sich in vielen Religionen wieder. In einem buddhistischen Tempel mitten in Peking liegen vor den Statuen der Guanyin, der Göttin der Barmherzigkeit, Kissen, auf die sich manch einer am Abend auf dem Weg nach Hause wiederholt auf die Knie wirft. Aus einem Gebetsbuch der Dhyana-Schule an Guanyin oder jap. Kannon:

In Ehrerbietung und Demut liege ich vor
dir auf den Knien; Tag und Nacht hängen
meine Gedanken an deinem heiligen
Angesicht. Ich klammere mich an deinen
heiligen Namen und werfe mich zur Erde
vor deinem heiligen Bilde.

Im Islam ist die Niederwerfung Kennzeichen für den Gläubigen. Im Koran werden die Niederwerfungen vielfach erwähnt, z.B.:

Werfet Euch weder vor der Sonne
noch vor dem Mond nieder, sondern
werfet Euch nieder vor Allah, der sie
erschaffen hat.
Das Wort »Moschee« meint ursprünglich
»der Ort, an dem man sich niederwirft«.
(arabisch: masgid, aramäisch: masgeda
dürfte sich aus dem aramäischen Wort
sagad »sich niederwerfen« gebildet
haben.[33]

Wegweisendes

Im Zen werden innerhalb dieser Tradition täglich einige solcher Niederwerfungen vollzogen. Die Stirn wird auf den Boden gelegt, und hier werden – die Handrücken über dem Boden – die leeren Innenhandflächen leicht nach vorne ausgestreckt.

Wir bieten ab und zu in unseren Kursen vor der ersten Meditation für Freiwillige über hundert Niederwerfungen an. Nach hundert Niederwerfungen steht man anders da als zuvor. Himmel und Erde kommen sich ein Stück näher im eigenen Leib. Wichtig ist, jeweils einen Moment innezuhalten, sowohl auf der Erde als auch im Stehen. Im Augenblick des Vollzugs spielt die Menge der Niederwerfungen keine Rolle.
Es ist nur diese eine Niederwerfung jetzt.

16. Urgebärde: Meine Hingabe

*I*ch bin ein Kind dieser Erde,
und sie nimmt mich so wie ich bin.

Gila Rogers

Die Übung

● *In Kontakt mit dem Boden, die Hände, die Arme sich weiter strecken lassen.*

● *Der Körper folgt dieser Bewegung bis der ganze Leib ausgestreckt in Kontakt zur Erde da liegt.*

Anleitung

● *Aus der 15. Urgebärde sich durch den Rücken atmen lassen. – Sich gleichsam in Kontakt zur Erde durch die Füße, die Knie, die Stirn und die Hände atmen lassen.*

● *Mit den Händen die Beschaffenheit des Bodens spüren. – So fühlen sich die Hände jetzt an. – So fühlt sich die Unterlage an.*

● *Weiter nach vorne den Boden unter den Innenhandflächen, den Unterarmen erfor-*

schen. – Als würden die Hände, die Arme gezogen und als würden sie gleichsam den ganzen Leib mitziehen.

● *Sich ziehen, sich strecken, sich dehnen lassen, sich in der Länge ausbreiten. – Die Stirn bleibt auf dem Boden. – Spüren.* (Wenn die Nase stört, den Nacken leicht strecken.)

● *Jetzt die Erde spüren mit den Händen, Unterarmen, Ellbogen, Brust, Bauch, Geschlecht, Oberschenkeln, Knien, Unterschenkeln und Fußrücken.*

● *Sich als Ganzes mit der Erde spüren.*

● *Gleichsam die Rückseite, den Himmel spüren.*

*D*er Himmel ist in dir,
suchst du Gott anderswo,
du fehlst ihn für und für.

Angelus Silesius

114

Erfahrungen

Ich lege mich in den Staub – und schaue in einen tiefen See.
Alles im Nichts.
Ausgeliefert sein.
Ich gebe mich Gott ganz dar.
Es trägt mich, ich darf mich ganz fallen lassen.
Getragen – durch den Herzschlag, teilhaftig am Rhythmus der Welt.
Teil der Schöpfung.
Ich vertraue mich an, ich gebe mich hin.
Ich bin eins mit dem Planet Erde, der vor Gottes Angesicht noch Jahrmillionen seine Bahn durch das Weltall ziehen wird.
Ich bin mit Gott und der Erde eins.
Es gibt nichts, was nicht heilig wäre – Dankbarkeit.

Aus der Tradition

Zahlreich sind die Hintergründe dafür, dass Menschen sich auf die Erde niederwerfen. Zuerst war es vielleicht die Verbindung mit der Erde selbst, die als Körper der Urmutter erfahren wurde.
Die *Heiligkeit der Erde* hat in der Rede des Häuptlings Seattle Worte gefunden:

Meine Worte sind wie die Sterne, sie gehen nicht unter. Jeder Teil dieser Erde ist meinem Volk heilig, jede glitzernde Tannennadel, jeder sandige Strand, jeder Nebel in den dunklen Wäldern, jede Lichtung, jedes summende Insekt ist heilig, in den Gedanken und Erfahrungen meines Volkes ...

(Häuptling Seattle) [34]

Im *Christentum* ist die Niederwerfung uralt. Jesus selbst warf sich am Ölberg auf die Erde und betete. (Mt 26,39; Mk 14,35) In der Hl. Schrift gibt es viele Zeugnisse, dass die Menschen auf die Erde niederfielen schon in der Zeit vor Christus.
In der *Ostkirche* gibt es heute noch während der Fastenzeit unter anderem tägliche große Metanien (Metanoia = Umkehr). Bei den *westlichen Christen* spielt die Prostration heute keine große Rolle mehr, nur bei der Priesterweihe, bei der Profess von Ordensleuten und gelegentlich zur Kreuzesverehrung am Karfreitag. Bei Dominikanerinnen und Dominikanern ist noch als Bußgebärde die »Venia« bekannt – eine Niederwerfung auf die rechte Seite, wobei der linke Fuß leicht über den rechten gelegt wird.
Im *tibetischen Buddhismus* ist die Praxis der Niederwerfungen sehr lebendig. Als Teil der vorbereitenden tantrischen Praktiken wird empfohlen 100.000 (einhunderttausend) Niederwerfungen auszuführen. Noch heute pilgern Tibeter sich niederwerfend um den Berg Kailash. Wer einmal erlebt hat, wie innig sich Tibeter auf den Boden werfen, wird es nie vergessen.

Wegweisendes

Sich auf die Erde zu legen, sich niederzuwerfen, ist vielleicht die einfachste Art, sich ganz hinzugeben: Hingabe an das, was ist. Bei wirklicher Hingabe fällt alles

115

Unwichtige ab und eröffnet uns eine neue Sicht der Dinge. Die Einübung der Hingabe ist Einübung in unser Sterben und somit in unser Leben. Ein anderes Wort für Hingabe ist Loslassen.

Was wir festhalten, hindert uns am Werden. Wenn wir den Atem festhalten, ersticken wir daran. Wenn wir die Nahrung festhalten, vergiftet sie uns. Nur wer wirklich loslassen kann, kann weiter reifen. Es gibt keine Stagnation.

(Willigis Jäger)

116

17. Urgebärde: Neu werde ich

*M*it der Erde schlief
*M*ein verirrter Sonnenstrahl –
da erblühte sie !

Ruth Grimm

Diese Urgebärde wirkt anders, wenn sie sich aus dem Liegen auffaltet, als wenn man sich aus dem Stehen auf die Fersen setzt. Es ist wie ein Entfalten aus der Erde, aus der Horizontalen, ein kompaktes Sich-aufrichten in die Vertikale, noch verbunden mit der Erde.

Die Übung

   In der 16. Urgebäre – die Hände zurückziehen, neben die Schultern legen. – Sich in den Bauch atmen lassen.

   Sich mit Händen und Unterarmen abstützen. – Sich vom Becken zurückziehen lassen, bis in den Fersensitz.

   Sich aufrichten lassen Wirbel für Wirbel. – Die Hände auf die Oberschenkel legen.

(Wenn es jemandem schwer fällt, auf den Fersen zu sitzen, ein Meditationsbänkchen oder einen Stuhl zu Hilfe nehmen.)

Anleitung

   Sich noch einmal ausstrecken, dehnen –, die Stirn bleibt in Kontakt zur Unterlage.

   Die Hände sachte über den Boden zum Körper ziehen neben das Gesicht, neben die Schultern. – Sich in den Bauch und das Becken atmen lassen.

   Die Beine, Fußrücken und gleichzeitig die Stirn spüren. – Sich durch Stirn, Hände, Unterarme und Ellbogen abstützen.

   Sich vom untersten Wirbel, vom Steißbein ziehen lassen, bis das Gesäß auf die Höhe der Fersen kommt. – Kopf und Hände sind noch auf dem Boden.

● *Sich vom untersten Wirbel her sachte aufrichten – Wirbel für Wirbel – in die Vertikale. – Der Kopf kommt zuletzt.*

● *Die Hände folgen ganz natürlich der Bewegung über Boden und Knie und lassen sich auf die Oberschenkel legen. – Die Knie sind miteinander verbunden. – Es ist ein festes, kompaktes Sitzen.*

● *So bin ich jetzt da.*

Erfahrungen

Ohne etwas zu tun, geschieht das neue Wunder. Als wäre ich Keimblätter einer Bohne, die sich nach dunklem Schlaf unter der Erde frisch entfalten. Dieses geschlossene Aufrichten und Da-Sein ist wie das Aufkeimen einer zarten, ersten Blume im hart gefrorenen Winterboden. Geschehen lassen wie ich jetzt neu da bin. Schauen und Hören. In dem Gesammeltsein nach innen hören. Bei mir – bei Gott gesammelt. In der Mitte sein. Stabil. Gelassen und gestärkt.

Aus der Tradition

Wie bei den Juden und den Römern war das Sitzen beim Gebet bei den Christen ursprünglich verpönt. Allerdings heißt es von den Wüstenvätern und -müttern, dass sie zur Kontemplation stundenlang auf ihrem Papyrusbündel gesessen haben.

Bei vielen alten Kulturvölkern auf der ganzen Welt war es üblich, beim Gebet zu sitzen, so z.B. bei den Kelten. Aber auch im Islam, Hinduismus und Buddhismus ist es üblich, zu sitzen. Da es in Japan zum alltäglichen Leben gehört, auf den Fersen zu sitzen, wundert es nicht, wenn dort eine Lehrerin an einem Wallfahrtsort die Schulkinder zum Gebet einlädt, sich alle hinknien und auf die Fersen setzen.

Wegweisendes

Von KursteilnehmerInnen wird diese Urgebärde manchmal »Kontemplation« genannt. Es ist ein Sitzen auf der Erde, ohne weitere Gedanken, um den Geist zu entspannen. Nur wer sich geistig entspannen kann, kann seine Gliedmaßen entspannen. Es soll jedoch eine Entspannung mit innerer Festigkeit sein. Übertreibt man die Entspannung, kommt es zu einem Gefühl der Kraftlosigkeit.

In der Anspannung findet sich Entspannung; Entspannung, nicht jedoch Schlaffheit ...
»In der Entspannung findet sich Anspannung; Anspannung, jedoch nicht Starrheit.« [35]

Das richtige Maß an Entspannung und Anspannung ist ein ständiger Prozess, eine individuelle Feineinstellung, innerlich fühlbar. Ein Gefühl von Natürlichkeit. Eine ruhevolle Wachheit. Seid wach!

Mich selbst zu suchen und zu erken-
nen, wer ich war
und auf welche Weise ich jetzt bin.
Damit ich wieder werde, was ich war.
                    Thomasakten, Kap. 15

Die Übung

Aus dem Knien sich leicht nach vorne neigen und achtsam den einen Fuß und den andern Fuß daneben aufsetzen, und sich sachte aufrichten.

Oder beide Hände neben den Knien abstützen, sich nach vorn neigen, Zehen aufsetzen mit Unterstützung des Bodens, erst Fußballen, dann ganzen Fuß achtsam abrollen und sich langsam Wirbel für Wirbel aufrichten. Füße stehen dicht zusammen.

Arme entspannt auf beiden Seiten des Körpers. – Hände leicht geschlossen.

Anleitung

Aus der 17. Urgebärde Hände, Füße und Mitte spüren. – Sich atmen lassen bis in den Beckenboden. – Aufgerichtetsein bis zum Scheitel. – Kopf und Oberkörper neigen sich leicht zur Erde.

Sich aus dem Fersensitz erheben, zum Knien. – Sich leicht nach vorne neigen und einen Fuß aufsetzen. – Den Kontakt zur Erde jetzt spüren.

Sich aufrichten und sachte den zweiten Fuß dicht neben den ersten Fuß stellen. – Stehen – Spüren – Die Fußsohlen in Kontakt zur Erde – jetzt. – Die Zehen leicht geöffnet, die Fersen eng geschlossen.

Spüren, wie sich das jetzt anfühlt. – Soweit es möglich ist, auch in den Körper hineinspüren. – Die Achillessehne, Unterschenkel, Kniekehle, Oberschenkel, die Beine insgesamt, Gesäß, Kreuzbein, Lendenwirbelbereich. – Sich atmen lassen.

119

● *Dem Rücken entlang hochspüren, Wirbel für Wirbel, der Wirbelsäule entlang bis zu den Schulterblättern, Schultern. – Den Rücken insgesamt, Nacken, Kopf, Scheitel. – Den Raum über dem Scheitel – Die Senkrechte insgesamt – wie eine Perlenschnur, Perle für Perle aufgezogen zwischen Himmel und Erde, zwischen Fußsohlen und Scheitel.*

● *Weiter wahrnehmen: Stirn, Augen halbgeöffnet, Gesicht, Ohren, hören nach innen, Kiefer, Mund, Zunge liegt in ihrem Bett, Hals, Brust, Sonnengeflecht, Nabel. – Unterbauch, Geschlecht, Leisten, Oberkörper insgesamt,*

● *Oberschenkel, Knie, Schienbeine, Füße. – Die Innenflächen der Beine.*

● *Aufgerichtet! – Sich atmen lassen.*

● *Versuchen, die innere Mitte zwischen Nabel und Lendenwirbelbereich zu spüren. – Weiter: Herzmitte, Schultern, Achselhöhlen, Oberarme, Ellbogen, Unterarme, Handgelenke, Hände, Finger, Daumen. – Arme insgesamt.*

● *Die hängende Kraft der Arme. – Öffnen der Achselhöhlen. – Arme folgen der Gestalt des Körpers, ohne den Körper zu berühren. – Leicht aufspannen. – Die Innenflächen der Arme und der Hände spüren. – Sie zeigen zum Bein, Finger nach unten zum Boden. – Fingerkuppen leicht an die Handballen anlegen. – Es ist ein weiches und*

gleichzeitig ein kraftvolles Schließen der Hände. (Es sind keine zum Kampf bereiten Fäuste.) – Daumen vorne, zeigen zur Erde.

● *Wie ist jetzt die Mitte? – Sich aus der Mitte etwas strecken, mit Unterstützung der Füße. – Gerade ausrichten. – Achtsames Abstoßen von der Erde. – Die Knie fast durchdrücken. – Feste innere Kraft in den Beinen.*

● *Innehalten.*

Erfahrungen

Aufrichtig, aufrecht, verwurzelt, in sich geschlossen, bereit sein, energiegeladen, präsent, bereit für Kommendes. A und O.

So äußern sich immer wieder Kursteilnehmerinnen und -teilnehmer zu dieser Körperhaltung, ohne vom Hintergrund etwas zu wissen ...

Aus der Tradition

In der Glyptothek München steht eine Skulptur in der untenbeschriebenen Gebärde: Apoll v. Tenea, ca. 560 v.Chr. (s. Abb. S. 121). Als ich die Darstellung dieses Apolls betrachtete, wirkte sie auf mich menschlich – lebendig. Es ist nicht einfach diese idealisierte Nachbildung eines Menschen. In vollendeten Proportionen aufgebaut, unwandelbar ausgerichtet in vollkommener Balance, kommt noch eine Dimension dazu: Dieser Apoll wirkt nicht

streng, keinesfalls starr, sondern leicht-
füßig erdverbunden, präsent eben lebendig. Er scheint zu lächeln. Je länger ich
bei dieser Skulptur verweilte, desto fröh-
licher wurde ich.

Diese Statue eines korinthischen Meisters
verbreitet einen heiteren Mut. Da ist etwas,
das zu wissen scheint, wie man lebendig
durch den Tod schreitet:

*Hier soll nur eintreten, wem es um
Leben und Tod geht – stand über dem
Eingang des Tempels von Theben, und
innen: »Erkenne dich selbst.«*
*Nach den Fundplätzen verteilen sich die-
se Statuen einmal als Weihegaben auf Hei-
ligtümern männlicher wie weiblicher Gottheiten. Sie umstanden Tempel und
Altarplätze, begleiteten zum einen einzeln
und gereiht die heiligen Wege, zum anderen aber gehörten sie der Welt der Toten
an: Sie erhoben sich über Männergräbern
an den Straßen, vor den Städten und den
Wegen zu den Landgütern ...*
*Aufgefundene Sockelinschriften der Grab-
statuen lassen erkennen, dass sie die
Besucher der Gräber auf die Vortrefflich-
keit der Person des Toten hinweisen ...*
*»Wer Dein Mal sieht, erkennt Deine
Tugend.« Die Männerstatuen der Gräber
unterschieden sich von denen der Heilig-
tümer nur durch den Standort, nicht in ihrer
Erscheinung ...* [36]

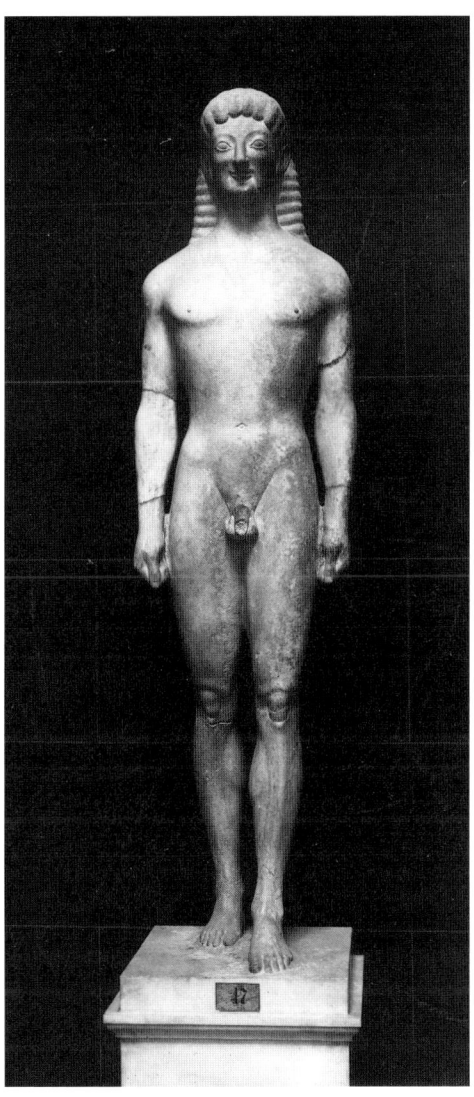

Obschon diese Plastik nicht die Darstellung eines Verstorbenen ist und keine Darstellung Apollons sein kann, vermittelt sie
etwas von dem apollinischen Licht und der
Klarheit, dem Maß und der Ordnung.

Im kunsthistorischen Museum in Wien,
in der Abteilung für ägyptische Kunst,
steht eine Alabaster-Figur aus der 5. Dyna-
stie (2300 v.Chr.) in derselben Gebärde.
Diese scheint etwas in den Händen zu hal-

ten. Mein Eindruck war, dass diese muskulöse Skulptur voll innerer Dynamik wie im Absprung steht. Anders als die griechische, die in ruhevoller Wachheit einfach diesen einen Schritt vollzieht.

Wenn wir uns nun in dem Körpergebet auf diese Haltung einlassen, empfinden wir sie zuerst als sehr männlich, der Oberkörper wird betont, als würden die Schultern breiter und die Hüften schmaler. Diese Wirkung entsteht vor allem durch die schmale Fußstellung. Gleichzeitig können wir etwas Überpersönliches erfahren: das Wesen des aufrechten Menschseins jenseits des sterblichen Ich.

Es ist eine heitere Kontinuität, die den Tod über-lebt.

Nach der Erfahrung mit diesen Skulpturen gibt es in manchen Kursen eine Fortführung der Anleitung zu dieser Urgebärde:

● *Das Gewicht auf den rechten Fuß verlagern. – Einen Schritt mit dem linken Fuß gerade aus, Ferse auf Höhe der rechten Zehen. – Beide Fußsohlen sind in Kontakt zur Unterlage.*

● *Gleichzeitig von der Leibesmitte aus, Innenflächen der Arme leicht dehnen. – Die geschlossenen Hände durch die hängende Kraft nach unten strecken, ohne dass die Arme ganz durchgedrückt werden. – Die Daumen zeigen nach vorne. Es ist ein gleichzeitiges inneres Aufrichten. – Spürbar durch die Wirbelsäule im ganzen Körper. – Das*

Gleichgewicht finden und einen Moment innehalten.

Auffallend sind die Daumen. Daumen unterscheiden den Menschen vom Tier. Tiere haben keine Daumen.

Ich lade Sie für fünf Minuten zu folgendem Experiment ein:

● *Sitzen Sie oder stehen Sie einen Moment ganz ruhig, so wie Sie gerade sind. – Wenn Sie sitzen, legen Sie Ihre Hände einfach auf Ihre Oberschenkel oder wenn sie stehen oder liegen, lassen sie die Arme und Hände neben sich ruhen. – Spüren Sie die Füße und lassen Sie sich atmen.*

● *Etwa nach drei Minuten versuchen Sie, sich insgesamt wahrzunehmen, so wie Sie jetzt gerade da sind. – Dann heben Sie den Daumen der linken Hand, winkeln Sie ihn langsam und kraftvoll an – spüren Sie, wie sich das anfühlt, und lassen ihn wieder los und spüren die Wirkung.*

● *Dasselbe mit dem rechten Daumen. – Dann mit beiden Daumen – spüren Sie die Auswirkung dieser kleinen Bewegung auf Ihren Körper.*

Sie werden vielleicht merken, dass dem Daumen eine besondere Kraft innewohnt, die sich im ganzen Körper verbreiten kann. Der Daumen kann zu mir zeigen, wenn die anderen Finger sich der Welt zuwenden. Er steht für das, was *ich* sagen kann.

Durch die Kraft der Arme, der Hände und der Daumen kann sich der Mensch heiter in seiner Präsenz aufrichten. Es ist der Moment der Initiation. Der linke Fuß kann voranschreiten in das Unbekannte, in den Tod, durch den Tod.

In der eigenen Körpererfahrung merken wir, dass es den Bildhauern gelungen ist, genau diesen Augenblick der Grenze zwischen *hier und dort* festzuhalten. Diese Grenze ist nicht statisch, sondern zeitlos lebendig.

Es geht nicht darum, mit unserem Körper diese Skulptur genau nachzubilden. Sie ist ein Bild für das Aufgerichtetsein des Menschen.

Es gibt nur einen Tempel in der Welt, und das ist der menschliche Körper. Nichts ist heiliger als diese hohe Gestalt.
Novalis

Am Ende einer Reihe von Urgebärden ist es wichtig, wieder aufrecht dazustehen und vielleicht wahrzunehmen, jetzt anders dazustehen als vorher.

Jedes Ende ist zugleich Anfang.
So ist an dem Ende dieses Körpergebets gleichsam der Anfang, indem wir diesen letzten Schritt als ersten Schritt vollziehen:
Das Gewicht ganz auf den linken Fuß verlagern und ihn abrollen, und spürend Schritt für Schritt weitergehen in dieser Arm- und Handhaltung.

An dieser Stelle erleben die Kursteilnehmerinnen und –teilnehmer das Gehen als Evolution und gleichzeitig als ein Gehen in den Alltag.

Gehen

Nach längerem Innehalten in einer Gebärde ist es wohltuend, einfach nur zu gehen, ohne besondere Struktur: das Abrollen der Füße frei im Raum oder in der freien Natur; unter den Füßen die unterschiedlichen Qualitäten von Boden zu spüren, (auch durch Schuhsohlen hindurch möglich.) Es ist auch ein schnelleres Gehen möglich, Laufen, Hüpfen etc. Schwingen der Arme. –
Langsam wieder eine Form finden:

● *Sich nach links richten, im Uhrzeigersinn gehen – einen Kreis bilden, so dass ungefähr gleich viel Abstand zwischen den Personen ist.*

● *Das Gehen verinnerlichen. – Bei sich sein.*

● *Der Atem. – Die rechte Hand über die linke etwa auf die Leibesmitte legen, so dass die Unterarme in der Horizontalen sind.*

● *Aufrechtes Gehen. – Schritt für Schritt. – Das Abrollen der Füße.*

● *Die Augen halbgeöffnet. – Aus dem Beisichsein die Person vor sich wahrnehmen und im selben Abstand weitergehen. – Mit allen Sinnen gleichsam den Raum um sich wahrnehmen.*

● *Es ist kein Gehen, um irgendwo anzukommen, es ist ein Gehen um des Gehens willen.*

*W*enn du gehst, dann geh, als seist du schon angekommen. Denn wo du bist, ist alles, was du brauchst.
Hadjara, arabische Mystikerin [37]

124

Die Ruhe ist Basis für alles, was sich bewegt. Und alles, was sich bewegt, lebt.

Unsere moderne Kultur ist, abgesehen von wenigen Ausnahmen, eine Kultur der Bewegung, der Dynamik, der Aktion: Denken wir zum Beispiel an unsere westliche Musiktradition im Vergleich zu einem einzelnen Flötenton aus einer japanischen Shakuhachi, oder überbordende Ölgemälde im Westen neben Kalligrafien oder Tuschen in einem Pinselstrich im Osten. In der modernen Welt gibt es kaum eine Kultur der Stille, der Ruhe.

Wenn wir davon ausgehen, dass die Menschheitsgeschichte sich mit der Geschichte des einzelnen Menschen vergleichen lässt, können wir von einem Neugeborenen viel lernen. Es ist eine Wonne, mitzuerleben, wie ein Baby sich aus der Entspannung und Ruhe harmonisch bewegt. Da ist Bewegung und Innehalten. Als wären seine Arme und Beine noch im Fruchtwasser, sind sie weich und gleichzeitig von einer sanften Festigkeit.

*E*in Körper ist im Leben weich und biegsam
doch im Tode kalt und starr ...
Darum ist des Todes, was hart wie Eisen ist;
und dem Leben gehört, was biegsam,
weich und fließend ...

Tao te ching [38]

Im Innehalten einer Urgebärde, lauschen wir auf die Stille in uns. In dieser Stille spüren wir die Bewegungen des Atems, des Herzschlags, oder der Verdauungsvorgänge.

Und dann ist da vielleicht noch eine andere, viel feinere Bewegung, die uns durchdringt, die uns vielleicht auch umgibt. Die gilt es wahrzunehmen. Diese ganz feine Bewegung soll uns Impuls sein, uns aus der Leibesmitte von einer Urgebärde in die andere zu bewegen.

Wir spüren in zwei bis vier aufeinander folgende Urgebärden hinein, halten einen Moment in der jeweiligen Gebärde inne und gehen dann wieder in die anfängliche Urgebärde zurück. Ein Vorschlag:

Musik

Missa papae Marcelli von Giovanni Pierluigi Da Palestrina (Choir of Westminster Abbey/Preston CD 415 517-2)

*K*yrie eleison. Herr, erbarme Dich.
Christe eleison. Christus erbarme Dich.
Kyrie eleison. Herr, erbarme Dich.

Es ist möglich, diese Bewegungen mit einem eigenen Gesang zu begleiten.

Aufstellung

Verteilt im Raum vor oder um den Altar oder um die Osterkerze, oder im Kreis um die Mitte.

Bewegung

Im Kyrie eleison aus der Leibesmitte den Raum umarmend, verdichten wir uns in der Herzensmitte.

◉ *Lauschen in die Mitte, die erste Urgebärde. – Sehr langsame Bewegung: mit dem ersten Einsatz des Soprans eine Hand sich öffnen lassen. – Die zweite Hand sich öffnen lassen. gleichzeitig im Öffnen jeweils ein leichtes Sinken des ganzen Körpers und wieder Steigen in die zweite Urgebärde.*

◉ *Wie einen Baum umarmend sich weiten lassen in die dritte Urgebärde.*

◉ *Sich sammeln lassen in die vierte Urgebärde.*

◉ *Innehalten. Beim zweiten Einsatz der Frauenstimmen beide Hände sich öffnen lassen. Sich wie oben bewegen lassen und innehalten in umgekerter Reihenfolge.*

Im Christe Eleison öffnen wir uns aus dem Herzen in den Raum und schließen die Hände wieder auf der Leibesmitte.

◉ *Beim abschließenden Kyrie eleison wiederholen wir diese beiden Bewegungen doppelt so schnell. – In jeder Bewegung sinkt und steigt der ganze Körper natürlich mit.*

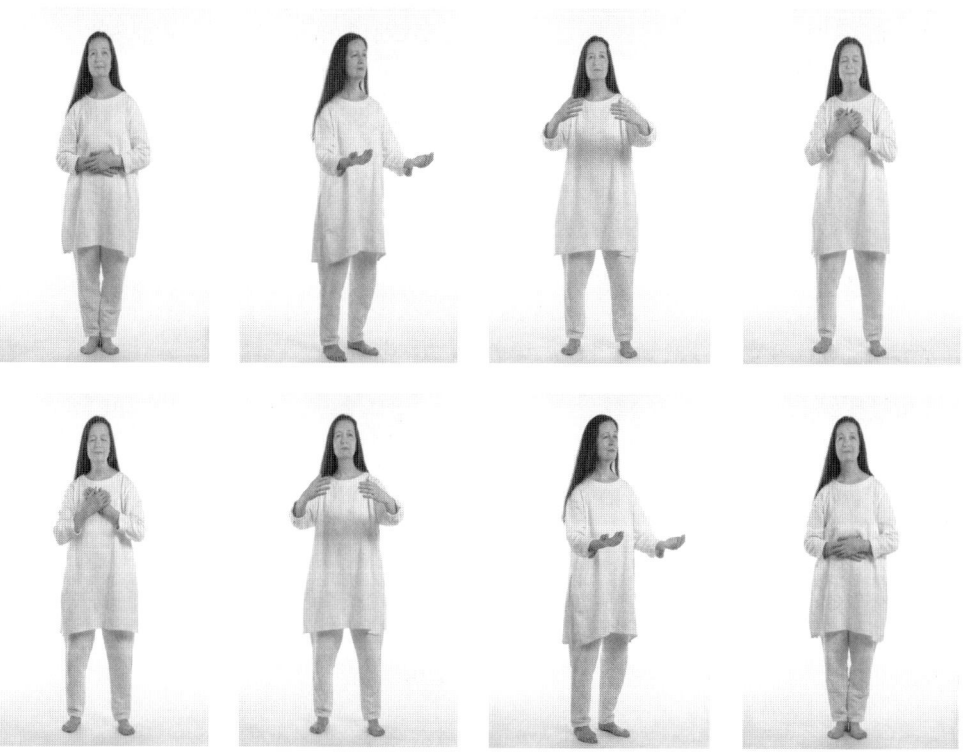

Schauen wir uns die Urgebärden in der Abfolge (S.58/59) an, erkennen wir:
eine große Niederwerfung

Musik

Thomas Tallis: Spem in alium, Kings College-Choir/Willcocks
(CD-Decca 433 676–2)

Spem in alium nunquam habui praeter in te,
Deus Israel, qui irasceris,
et propitius eris,
omnia peccata hominum
in tribulatione dimittis.
Domine Deus, Creator coeli et terrae,
respice humilitatem nostram.

Auf niemanden habe ich gehofft
außer auf dich, Gott Israels,
der du zürnst, und barmherzig bist,
und der du die Sünden vergibst
der Menschen in Not,
Herre Gott, Schöpfer des Himmels
und der Erde
schau gnädig auf unsere Demut.

Aufstellung

⬤ *Einzeln in einem weiten Kreis zur Mitte gewendet. – Mit einem eher nach innen gewendeten Blick den gesamten Kreis gleichzeitig weich wahrnehmen.*

Die Bewegung

⬤ *Die Bewegung ist weich wie die eines Babys. – Wir lassen uns aus der Leibesmitte bewegen von einer Urgebärde in die andere.*

⬤ *Der polyphone Gesang aus dem 16. Jh. unterstützt die fließende, langsame Bewegung, die uns Zeit zum Spüren lässt.*

⬤ *Die 16. Urgebärde wird ausgelassen, von der 15. direkt in die 17. Urgebärde.*

⬤ *Die Stirn auf den Boden legen, kurz innehalten, sich sachte aufrichten und für einen Augenblick auf die Fersen setzen ...*

⬤ *Insgesamt drei Niederwerfungen vollziehen.*

127

● *Bei der letzten Pause in der Musik Arme und Hände in Orante-Haltung, (11. und 12. Urgebärde), gemeinsam zur Mitte schreiten, bis sich die Hände der Tanzenden berühren. – Anfassen. – Gemeinsam ein Kreuz tanzen:*

● *Rechter Fuß zur Mitte, Gewicht verlagern. – Rechter Fuß zurück neben linken Fuß. – Beide Füße auf Fußballen.*

● *Linker Fuß rückwärts zum Kreishorizont, Gewicht verlagern. – Linker Fuß zurück neben rechten Fuß. – Beide Füße auf Fußballen.*

● *Rechter Fuß nach rechts, Gewicht verlagern. – Rechter Fuß zurück neben linken Fuß. – Beide Füße auf Fußballen – Linker Fuß nach links.*

● *Linker Fuß zurück neben rechten Fuß. – Beide Füße auf Fußballen.*

● *Nach jedem Anheben in der Mitte des Kreuzes mit den ganzen Fußsohlen wieder in Kontakt zur Erde kommen.*

● *Die Arme gemeinsam zum Himmel strecken und mit dem Schlussakkord Hände und Arme gestreckt über die Kreismitte senken lassen.*

Kontemplativer Tanz

*Ein Zweig vom Himmelstanze ist
nur aller Reigen auf Erden,
Und von dem Seelentanze sind
die Tänze des Lebens gleich Zweigen.*
Rumi

Unter dem Wort *Kontemplation* verstehen wir, der Tradition der christlichen Mystik folgend, gegenstandslose Versenkung in Stille, um Gott, die göttliche Mitte, den Urgrund oder die Wesensnatur zu erfahren. Kontemplation ist ein Floß, das uns dorthin bringen soll. Es ist eine Übung. Es ist eine sehr direkte Übung.

 Nehmen Sie sich einen Moment wahr, wie Sie jetzt gerade sind, schließen Sie für einen Augenblick Ihre Augen.

 Nehmen Sie wahr, was Ihnen geschieht, wenn Sie Ihre Sinneseindrücke stilllegen, — jetzt in diesem Augenblick.

Durch das stille Sitzen lässt sich eine genaue Bestandsaufnahme unserer selbst machen. Kontemplation ist Grundlage für den spirituellen Weg. Es zeigt sich aber immer wieder, dass diese Übung allein und über einen längeren Zeitraum intensivst betrieben, nicht für alle Menschen die günstigste ist.

Mich hat tief beeindruckt, zu sehen, wie in China in einer Klinik, in der vorwiegend mit Qigong geheilt wird, ganz klar unterschieden wird, wer durch stilles Sitzen und wer durch Bewegung zu seiner heilenden, inneren Quelle in Kontakt kommt. Mehr nach außen orientierte, extrovertierte und/oder gestresste Menschen wurden mit unterschiedlichen konfuzianischen oder buddhistischen Übungen zum stillen Sitzen angeleitet. Introvertierte und eher melancholische Menschen hatten sich zu bewegen.

Mit chinesischen Augen betrachtet, meditieren sich viele Menschen in der modernen Welt durch stilles Sitzen tiefer in ihre Depression.

Wenn wir davon ausgehen, dass sich die Wesensnatur in uns verkörpert, fällt der Unterschied zwischen Innen und Außen. Meistens sind wir gewohnt, nur das Äußere zu erfahren und halten dies für die Wirklichkeit. Dadurch kann sich das Innere verschließen. Wenn wir nur das Innere erfahren wollen und das Äußere verneinen, kann sich das Innere auch verschließen. Sich von der Welt abzuschließen ist eine Möglichkeit. Aber das bringt niemals die volle Erfahrung. Die volle Erfahrung spielt in diesem Körper.

Menschen, die beim stillen Sitzen stagnieren, finden gerade durch Tanz und Körpergebet einen neuen Zugang zu ihren Blockierungen: Durch Bewegung kommt vieles ins Fließen. Auffallend ist, dass beim Tanzen nicht nur Bewegung und Ruhe erlebt werden. Vielmehr ist es ein Ineinanderfließen, das in eine umfassendere Stille und Tiefe führen kann. Eine Tiefe, die von Menschen, die zum Teil schon lange Jahre in Stille sitzen, vorher nur selten erlebt wurde. Viele erfahren erst durch entsprechende Körperhaltungen oder Bewegungen plötzlich Zugang zu ihrem tiefsten Wesen.

Für viele Menschen, die von Gedanken und Emotionen besetzt und nicht geübt sind, still zu sitzen, ist die Verteilung der Aufmerksamkeit auf den Körper eine Hilfe und Unterstützung, z.B. durch Gehen, Laufen, Gartenarbeit, Tanz.

Kontemplation im Sitzen und Kontemplation in Bewegung können sich gut ergänzen, geht doch jede Bewegung von der Stille aus. Gleichzeitig bewegt sich alles, was lebt. Stilles Sitzen ist nichts Starres. Vielleicht ist es der feinste Tanz, ein innerer Tanz.

Kontemplativer Tanz ist Sammlung in einer sich wiederholenden Bewegung. Er sammelt das Bewusstsein durch Hören, Tasten, Schauen, Bewegen nach außen und nach innen. Sein im Raum. Es ist keine starke Konzentration, sondern eher eine leichte, ungefähre Wahrnehmung. Die Mitte, der gemeinsame Kreis, von dem ich ein Teil bin, die Hände, die Füße – Jetzt? Nur dieser eine Schritt und nichts vorher und nichts nachher. Nur dieser eine Schritt. Nur jetzt.

Hier und jetzt bin ich ein unverwechselbarer Tanzschritt des Tänzers Gottheit, des Absoluten, der Leerheit. Ich habe im Augenblick zu leben. Hier ist es zu finden und nur hier.
Und es ist gleichgültig, in welcher Form ich wiederkomme. Ich bin immer ein unverwechselbarer Tanzschritt dieses zeitlosen Tänzers. Je mehr ich fähig bin, einzuschwingen in diesen Tanz, um so besser wird es mir gehen. Alles Leid kommt aus meinem Widerstand, aus den Wünschen des Ich.

Willigis Jäger

Der Tanz ist so alt wie die Menschheit selbst. Schon der Mensch der Frühzeit tanzte, um sich mit der Gottheit zu verbinden; z.B. im Höhlentempel Magurata, in Nordwestbulgarien sind tanzende, stundenglasförmige Figuren mit männlichem Partner dargestellt. Die weiblichen Figuren sind gegürtet. Ihre Form erinnert an das Urbild des Schmetterlings oder der Doppelaxt.[39]

In anderen Höhlen sieht man Malereien, die eine tanzende Muttergottheit zeigen, umgeben von sehr viel kleineren Figuren, z.T. mit demselben Gestus. Auch heute noch gibt es einfache Hochzeitstänze mit

eben dieser Gebärde. Diese Tänze sind ausgerichtet auf ein großes Ganzes, eingebunden in den natürlichen Jahreskreislauf. Sie dienen immer dem großen Ganzen und somit der Gemeinschaft wie auch dem Einzelnen. Sie haben eine klare Struktur, wie die meisten Tänze, die durch die Folklore überliefert sind. Abgesehen von den für uns ungewöhnlichen Rhythmen sind sie meistens sehr einfach. Sie wurden jeweils, je nach Anlass über einen längeren Zeitraum getanzt.

Generell kann man sagen, dass für tänzerische Anforderungen die Beherrschung des zentralen Schwerpunktes unerlässlich ist. Wenn die Tänzerin, der Tänzer die Aufmerksamkeit auf die Körpermitte lenkt, kann ein Strom von Lebensenergie aktiviert werden. Durch diese Kraftentfaltung wird es möglich, viele Stunden, oft tage- oder nächtelang zu tanzen, ohne zu ermüden. Alte Frauen können sich noch erinnern, wie sie als junge Mädchen tanzten, bis sie umfielen, um dann wieder aufzustehen und weiterzutanzen.

Auf dem Balkan habe ich einmal bulgarische Musik- und Tanzethnologinnen bei ihrer Feldforschung begleitet. Als wir in einem Dorf eine alte Spinnerin besuchen wollten, hatten wir Glück. Die Frauen des Ortes waren gerade beim Ernten. Abends tanzten sie. Das war schon in alten Zeiten Brauch. Wenn man sich den ganzen Tag bei der Erntearbeit besonders anstrengt, wird abends getanzt: Natürlich zur Freude, aber auch um sich zu regenerieren und um sich Kraft zu holen für den folgenden, anstrengenden Erntetag. Von diesen Frauen lernte ich den zentralen Schwerpunkt des Körpers noch einmal neu erfahren. Es ergibt sich eine Verbundenheit durch einen Gürtel, der die Körpermitte jeder Einzel-

nen umfasst. Die rechte Hand legt sich in den Gürtel der Nachbarin auf der rechten Seite und die linke Hand über die rechte Hand in den Gürtel der Nachbarin auf der linken Seite.

Da stehen sie nun relativ breitbeinig, in einem perfekten Kreis um eine unsichtbare Mitte, eine Mitte, die gleichzeitig die Mitte jeder Einzelnen ist. Ohne dass jemand etwas sagt, beginnen sie zu singen und zu tanzen, als hätten sie nie aufgehört – wie Zugvögel, die plötzlich gemeinsam auffliegen und wie durch eine unsichtbare Hand gelenkt die Richtung ändern. Es ist ein Tanz ohne Anfang und ohne Ende. Wenn man die Frauen fragt, warum sie tanzen, sagen sie einhellig: »Für die Gesundheit!« In einem Interview erzählten mir die Tanzethnologinnen Prof. Anna Ilieva und Dr. Anna Shturbanova aus ihrer Forschungsarbeit folgendes:

*D*as Tanzerlebnis ist Leichtigkeit, Freu-de und Glückszustand während des Tanzes und nach dem Tanz. Es ist ein geistiger Zustand und nicht nur ein emotionaler Zustand. Es geht nicht um die individuelle Entwicklung, nicht um die persönliche Befriedigung, sondern um ein Sicheinfügen des Menschen in den Frieden mit Gott. Es geht darum, einer universellen Harmonie zu dienen.
Diese Tänze drücken keine Emotionen aus. Es gibt keine lustigen oder traurigen Tänze. Es geht nicht nur darum, Spaß zu haben. Man verbindet sich mit einem Urzustand. Die Tänze kanalisieren die Emo-tionen und sammeln sie in einem rituellen Raum. Die Emotionen werden gebündelt, geheiligt. Sie unterliegen dem Gesetz. Man ist mit etwas Geheiligtem, Umfassende-rem in Verbindung.

Ritualtänze lassen uns etwas erspüren von dem verlorenen Paradies, in das wir zwar nicht zurück, aber durch eine zweite Geburt hineinsterben können.

Wenn ich nun hier *in unserer modernen Welt* mit vielen Menschen, die zum Teil durchaus tanzungeübt sind, solch einen Reigen bilde, in dem wir uns halten und gleichzeitig wahrnehmen, wie wir gehalten werden, entsteht ganz natürlich eine Bewegung, die den ganzen Kreis erfasst. Ohne etwas zu sagen, nur durch die Wahrnehmung der Füße, der Hände, der Körpermitte und des Atems, entsteht um eine gemeinsame Mitte ganz von selbsr ein gleichmäßiges Wiegen. Das gilt es zuzulassen. Dieses Wiegen ist eine uns allen urvertraute Bewegung, aus der Zeit, wo wir noch nicht geboren waren. Gleichzeitig basiert es auf der Stützkraft der Erde, die uns trägt. Auf Grund dieser Unterstützuntg ist eine Hinbewegung möglich, mal auf die eine, mal auf die andere Seite. Auch das ist ein Vorgang, der uns allen vertraut ist. Durch die unterstützende Hand der Mutter, kann sich ein Säugling zu ihr hinbewegen. Selbst Menschen, die diese Erfahrung vielleicht vermißt haben, ist sie dennoch vertraut und kann Vertrauen wachsen lassen.

Wenn man in unseren Kursen die Menschen nach ihrem Tanzerlebnis fragt, kommen gleiche Antworten wie bei den Frauen auf dem Balkan:

Sammeln von Gedanken und Emotionen, eine Art Glückgefühl.

Die meisten könnten stundenlang so weiter tanzen.

Kontemplativer Tanz meint Wandlung des ganzen Menschen von innen. Wandlung geht nicht an einem Tag. Langsam geschieht sie im Verborgenen. Wie das Wachsen der Kastanie. Wer sich im Frühjahr frühmorgens vor der Dämmerung unter eine Rosskastanie stellt, hört ein ganz leises, aber unaufhaltsames »mbha« »mbha«. Es ist das Geräusch der aufplatzenden Knospen. Sobald es dämmerig wird, verstummt die Kastanie und bewegt sich den ganzen Tag und die ganze Nacht nicht. Bis wieder kurz vor der Dämmerung – »mbha«.

Wenn der Tanz beginnt, ist da nur der Tanz und kein Tänzer mehr.
Aus den Upanishaden

Es bedarf der Übung bis die Tänzer und Tänzerinnen Tanz werden, wie beim Sitzen, bis ich Atem werde, bis ich Laut werde. Menschen, die geübt sind zu sitzen, können sich leichter auf das lange Wiederholen immer desselben Schrittes einlassen. Die meisten sitzen nach dem Tanz viel intensiver.

Im kontemplativen Tanz geht es um eine Wahrnehmung jenseits unserer Sinne, durch die Sinne.

Die hier vorgestellten einfachen Tänze sind Beispiele dafür, wie wir sie als getanztes Körpergebet, die Kontemplation ergänzend, tanzen. Kontemplative Tänze bestehen nicht nur aus langsamen Schritten und Bewegungen. Obwohl eine verlangsamte Bewegung – auch im Alltag – unsere Wahrnehmung schult und verfeinert, sind oft auch rasante Tänze kontemplativ. Wir tanzen gerne durch die Folklore tradierte und auch choreografierte Tänze, die ich vor allem von Maria-Gabriele Wosien gelernt habe.[41]

Eine sehr begabte, bekannte indische Tänzerin verlor bei einem Unfall ein Bein. Nach längerer Unterbrechung tanzte sie wieder, besser und schöner denn je. Niemand bemerkte die Prothese. Auf die Frage, wie sie das geschafft habe, antwortet sie: »Braucht man zum Tanzen die Füße?«

135

Hubavi, Sveti Georgio ...
Ehrwürdiger, Heiliger Georg...

Ritualtanz aus einem Hirtendorf zwischen Sofia und Petritsch, Bulgarien.

Dies ist ein Beispiel für archaische Frauentänze. Der getanzte Gesang wurde aus dem Volkskalender ins Kirchenjahr übernommen. Er wird seit uralten Zeiten jeweils am 6. Mai, am Initiationstag der Frauen getanzt. Gleichzeitig ist der 6. Mai der Tag des hl. Georg. Die Musik- und Tanzethnologinnen Prof. Anna Ilieva und Dr. Anna Shturbanova haben in ihrer Forschungsarbeit entdeckt, dass mit der Christianisierung der hl. Georg die Rolle der Demeter übernommen hat.

Ursprünglich wurden solche Tänze zu Beginn eines Rituals nur von Frauen getanzt, um die Erde, um den Raum zu heiligen. Der Tanz kann sowohl nach rechts als auch nach links getanzt werden. Bei der Bewegung nach links, also im Uhrzeigersinn, ist er gleichzeitig ein Gedenken an die Vorfahren. Es ist ein Dank und eine Einladung an die Ahninnen. In diesem Fall wurde er dreimal im Keis getanzt, oder dreimal gesungen.

Musik

Gesang der Frauen:
Hubavi, Sveti Georgio ...

Ehrwürdiger heiliger Georg geht am frühen Morgen auf das Feld und schaut nach der Saat!

Aufstellung
⬤ *Ein geschlossener Kreis*

Handhaltung
⬤ *Gürtelfassung: links über rechts. –*

⬤ *Die rechte Hand erfasst den Gürtel der rechts stehenden Nachbarin. Die linke Hand erfasst den Gürtel der linken Nachbarin über deren rechter Hand. – Bei uns tanzen gelegentlich auch Männer mit.*

Die Schritte
⬤ *Den rechten Fuß vor den linken Fuß diagonal zur Mitte aufsetzen, und das Gewicht auf den rechten Fuß verlagern.*

⬤ *Der linke Fuß setzt etwas nach, links an der Kreisperipherie.*

⬤ *Das Gewicht zurückverlagern auf den linken Fuß.*

⬤ *Den rechten Fuß weiter zur Mitte leicht nach links aufsetzen. – Da capo*

⬤ *Der Kreis bewegt sich wiegenderweise langsam nach links – ein Wiegen der Herzensmitte zur Erde und zur Mitte des Kreises, im Rhythmus dieses Gesangs der bulgarischen Frauen.*

Für moderne Ohren sind diese Gesänge ungewöhnlich.

In der Arbeit mit sehr großen Gruppen innerhalb der Kontemplationskurse hat es sich ergeben und bewährt, dass wir uns in diesem Tanz ohne Musik bewegen. Wir kommen aus dem Spüren ähnlich wie bei den Anleitungen zu den Urgebärden in ein natürliches, gemeinsames Wiegen. Aus diesem Wiegen kann der nächste Schritt, die nächste Bewegung wachsen.

Nur dieser eine Schritt und immer wieder nur dieser eine Schritt.

Als Einzelne bin ich gehalten, und halte selber den Gürtel meiner Nachbarinnen und Nachbarn, ausgerichtet mit Gesicht und der Hinbewegung des Herzens zur gemeinsamen Mitte des Kreises. Mit einem Schritt, im Rhythmus, den die Tanzenden aus sich selber gefunden haben, und der jetzt einfach nur wiederholt wird, bewegt sich der Kreis. Wir alle, so unterschiedlich wir auch sind von unserer Herkunft, von unseren Gedanken und Gefühlen her, – jede und jeder für sich allein und alle zusammen erfahren wir uns in manchen Momenten wie ein großer Puls.

Tanzende berichten immer wieder, dass es für sie durch diese Hinwendung der Herzensmitte zur Erde ist, als würden sie nach ihrer eigenen Saat in ihrem Herzen schauen.

Wir sind Anna Ilieva und Anna Shturbanova dankbar für all die Schätze, die sie uns bringen, und dass sie uns erlaubt haben, etwas davon hier aufzunehmen.

Die uralten Rituale und Mythen der archaischen Völker können in unsere Zeit nicht direkt übernommen werden. Aber wir können in ihnen Quellen finden, die heute Gültigkeit haben.

Pravo Horo

In *Bulgarien* wird der Festtanz im Dorf sehr oft mit einem »Pravo Horo« eröffnet. Davon gibt es unzählige Variationen. »Horo« heißt: der Reigen, der Chor. – Wenn im antiken Theater der Chor auftrat, ging es um Wahrheit, wurde die Wahrheit ausgesprochen. – In Bulgarien sagen die TänzerInnen nicht: »Ich tanze«, sie sagen: »Der Horo tanzt«. Mit Horo ist aber nicht nur der Tanzreigen gemeint, sondern das Zusammensein und das gemeinsame Mahl halten.
»*Pravo*« bedeutet: aufrecht, recht, richtig, aufgerichtet, aufrichtig.

Musik
Auch hier gibt es viele Variationen, manchmal gesungen, manchmal mit Musikinstumenten wie Dudelsack und Trommel gespielt.

Takt
  2/4

Rhythmus
  Kurz – kurz – lang – lang

Aufstellung
  Ein offener Kreis, eine Kette.

Handhaltung
  Gürtelfassung (wie bei »Hubavi Sveti Georgio«, s.S. 136).

Die Bewegung im Raum
  Zusammenziehen und Weiten des offenen Kreises. – Wie ein Atem. – Es kann ein Aufeinanderzukommen und Voneinanderweggehen sein. Die Kette ermöglicht, mit sehr vielen Menschen große Raumformen zu tanzen, nicht nur im geschlossenen Raum, sondern auch über Plätze und in der freien Natur.

Die Schritte

Gleichmäßige kleine Schritte:

● *Rechter Fuß schräg rechts zur Mitte – kurz.*

● *Linker Fuß schräg rechts zur Mitte – kurz.*

● *Rechter Fuß schräg rechts zur Mitte – lang.*

● *Linker Fuß schräg rechts zur Mitte – lang.*

● *Auf dem linken Fuß ca. 60 Grad drehen nach links.*

● *Rechter Fuß schräg rechts zurück zum Kreishorizont – kurz.*

● *Linker Fuß schräg rechts zurück zum Kreishorizont – kurz.*

● *Rechter Fuß schräg rechts zurück zum Kreishorizont – lang.*

● *Linker Fuß schräg rechts zurück zum Kreishorizont – lang.*

● *Auf dem linken Fuß ca. 60 Grad drehen nach rechts. – Da capo …*

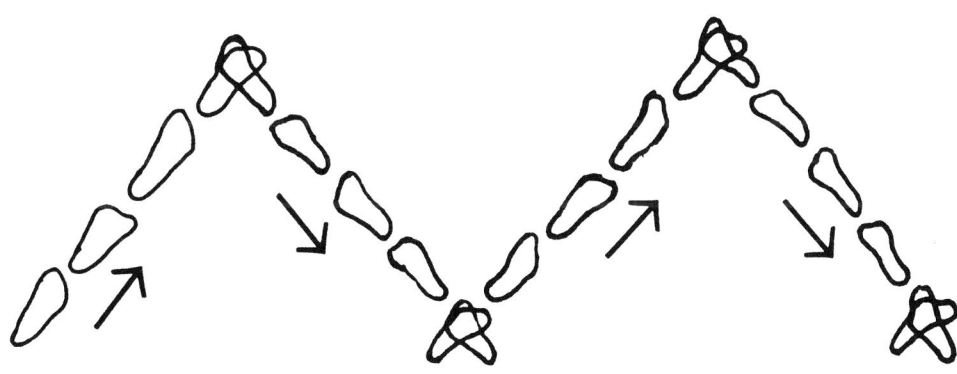

Veni sancte spiritus

In Urschalling am Chiemsee befindet sich in der Kirche St. Jakob ein Fresko (Ende 14. Jh.), auf dem Gott Vater und Sohn den Heiligen Geist in der Gestalt einer Frau mit ihren Händen halten.

Das Wort Geistin mag für viele ungewohnt sein, das Wesen des *Pfingsthymnus* trägt weibliche Züge.

Komm herab, o Heil'ge Geistin,
die die finst're Nacht zerreißt,
strahle Licht in diese Welt.
Komm, die alle Armen liebt,
komm, die gute Gaben gibt,
komm, die jedes Herz erhellt.
Höchste Trösterin im Leid,
die uns Herz und Sinn erfreut,
köstlich Labsal in der Not.
In der Unrast schenkst du Ruh,
hauchst in Hitze Kühlung zu,
spendest Trost in Leid und Tod.
Komm, o du glückselig Licht,
fülle Herz und Angesicht,
dring bis auf der Seele Grund.
Ohne dein lebendig Wehn
kann im Menschen nichts bestehn,
kann nichts heil sein noch gesund.
Was befleckt ist, wasche rein,
Dürrem gieße Leben ein,
heile du, wo Krankheit quält.
Wärme du, was kalt und hart,
löse, was in sich erstarrt,
lenke, was den Weg verfehlt.
Gib dem Volk, das dir vertraut,
das auf deine Hilfe baut,
deine Gaben zum Geleit.
Laß es in der Zeit bestehn,
deines Heils Vollendung sehn
und der Freuden Ewigkeit.
Amen Halleluja

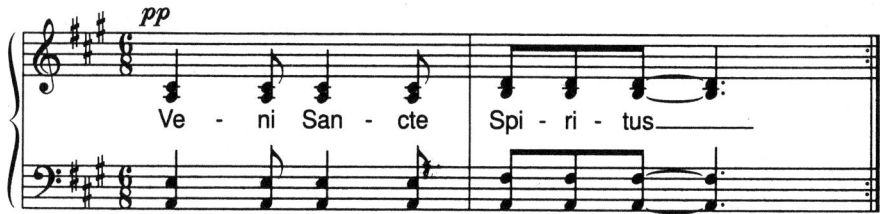

Musik

Taizé – Cantate!
Musik von Jacques Berthier,
MC TZ 405 TZ038.
Die Noten: Taizé 1993.

Aufstellung

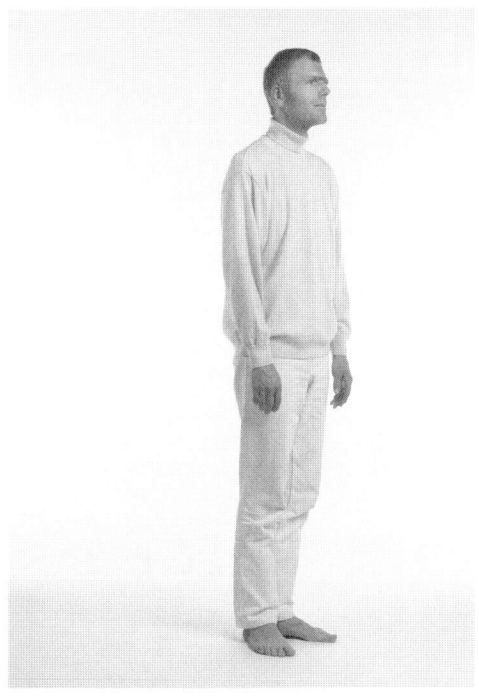

● *Einzeln frei im Raum, zum Altar oder im Kreis zur Mitte gewendet.*

Die Bewegung

● *Mit jedem »Veni S. Spiritus« sich jeweils von der Herzensmitte aus nach unten und nach oben öffnen.*

● *Die Gebetsbewegung kann auch doppelt so langsam sein.*

● *Jedes Sinken beinhaltet gleichzeitig ein inneres Aufrichten und in jedem Aufrichten bleibt eine Verbindung zur Erde.*

Nicht nur an Pfingsten, sondern manchmal zu Beginn eines neuen Kurses oder an einem neuen Ort, manchmal auch in der Früh vor der Kontemplation, beginnen wir mit dieser Einladung an den heiligen Geist oder die heilige Geistin.
Am frühen Morgen beginnen wir mit viel Luft, d.h. geöffneten Fenstern, oft mit dem Klopfen der Aufwärmübung (s.S. 64-67).

Die Hinführung zu dem Tanz könnte so aussehen:

● *Wir gehen wieder von der Mitte aus. – Die Kraft im Nabelbereich erst senken, indem wir die Innenflächen der Beine und die Fußsohlen spüren. – Kontakt zur Unterlage. – Die Vertikale des Körpers wahrnehmen. – Spüren wie wir im Lot stehen.*

● *Das Gewicht in den rechten Fuß verlagern. – Die linke Fußsohle dem Boden entlang öffnen und den Fuß etwa schulterbreit absetzen. – Sachte das Gewicht verlagern, bis gleich viel Gewicht in beiden Füßen spürbar ist. – Beide Füße stehen parallel.*

141

Öffnen der Arme und Hände. Da sein wie eine leere Schale ....

Den Raum unter uns, hinter uns, über uns, vor uns wahrnehmen.

Den Raum zu beiden Seiten.

Den Raum in uns atmen lassen.

Die Arme, die Hände in den Raum zu beiden Seiten sich weiten lassen etwa bis auf Brusthöhe. – Die Ellbogen sind etwas tiefer als die Hände.

Wie ist jetzt die Vertikale? – Die Horizontale? – Die Hände?

Die beiden Pole der Hände sich finden lassen in der Horizontalen – Da wo die Vertikale und die Horizontale sich überkreuzen. – Vor der Herzensmitte.

Spüren was da ist, bevor die Hände sich berühren – und wenn die Hände sich berühren – sich atmen lassen, durch die Mitte – durch die Füße.

Sich der Erde öffnen

Die Erde in dir.

● Den Stand verbreitern – Die Füße stehen parallel –

● Die Mitte, das Becken nach unten senken. – Die Knie geben nach. – Nur so weit sinken, wie es für die Knie angenehm und gut möglich ist. – Bei einem breiteren Stand können wir tiefer sinken.

● Aus der Mitte gleichsam die Hände, die Arme zur Erde hin öffnen und senken.

● Der Impuls zur Gegenrichtung kommt durch die Fußsohlen von der Erde. – Leichtes Abstoßen. – Steigen.

● Die Hände schließen zur Herzensmitte.

Sich dem Himmel
Söffnen

Der Himmel
Din dir

○ *Steigen – Öffnen – Strecken – die Knie sind nicht ganz durchgestreckt.*
Die Arme können weit geöffnet werden.

○ *Die Hände zurück über den Scheitel, schließen sich wieder vor der Herzensmitte.*

Von der Herzensmitte aus, wird die Heilige Geistin eingeladen, indem wir uns der Erde öffnen und sie einschließen in unser Herz, und wir uns dem Himmel öffnen und ihn einschließen in unser Herz. Das Gebet ist eine Zuwendung zur Erde, zum Himmel und zum Herzen.
Dankbar übernehme ich diesen Tanz von Dimo Minkenberg, den er uns aus Findhorn von Anna Barton mitgebracht hatte. Bis zu seinem eigenen Tod unterstützte er Aidskranke mit lebensbejahenden Tänzen. Dimo lebt in diesem Tanz.

144

Lob der Grünkraft

Vom Laubbaum zarte
grüne Hände sich öffnen –
Licht zu empfangen.

Ruth Grimm

Im Frühjahr, nach einem langen, grauen Winter sind wir, eine Gruppe von Frauen, hinausgegangen in den frisch und zart ergrünten, lichten Buchenwald. Eine unbeschreibliche Leuchtkraft nahm uns in Empfang. Wir standen einfach da, öffneten unsere Gesichter, Brüste, Bäuche, unsere Haut, Hände, unseren Geist – und standen auf dem mit den alten Blättern bedeckten, weichen, modrigfeuchten Waldboden. Wir atmeten die Grünheit ein. Durch dieses Grün fühlten wir uns von Licht umfangen. Wir waren durchdrungen von Licht, berührt, gerührt, erschüttert. Und war es aus dieser Verbundenheit, aus Dankbarkeit – wir begannen, die Handflächen, die Arme zu heben bis zu den Baumwipfeln, und ließen sie sich ganz natürlich vom Himmel über unseren Scheitel, vor unserem Gesicht, Hals, Herzensmitte, Brust, Bauch, Geschlecht, Beine, Füße wieder senken. Wir wiederholten immer wieder diese eine Bewegung, ohne dass eine etwas gesagt hätte. Es war wie ein Schöpfen. Es war, als würden wir uns dieses äußere und innere Geschehen einverleiben. Hinterher waren wir uns einig: Es war das Trinken des Grün. Wir tranken Licht. Der Durst wurde durch das Trinken des Lichtes der Grünheit wirklich gestillt. Wir fühlten uns auch satt.
Wir fühlten uns auch später noch sehr klar, erfüllt von Licht, durch das junge Grün dieser Blätter.

Es gibt eine Kraft aus der Ewigkeit, und diese Kraft ist grün. Aus lichtem Grün sind Himmel und Erde geschaffen und alle Schönheit der Welt.
Es gibt kein Geschöpf, das nicht aus Gottes Grünkraft seine innere Strahlung besäße.[42]

Hildegard von Bingen sagt uns, dass alles Lebendige im Makrokosmos und Mikrokosmos durchwirkt ist von einer einheitlichen Kraft, eben dieser heiligen Grünkraft.

Musik

CD Hildegard von Bingen – O nobilissima Viriditas
Catherine Schröder/CD,Champeaux, CSM 0006
Ihre Kompositionen nennt Hildegard »Symphonische Harmonie himmlischer Offenbarungen.« »Menschliches Musizieren ist Lobpreis des Schöpfungswunders – Echo himmlischer Klänge.«

Die Musik der hl. Hildegard ist nicht im üblichen Sinn rhythmisiert.

● *Wir lassen uns gemeinsam einschwingen.*

● *Wir tanzen den Gesang von Catherine Schröder einige Male hintereinander.*

● *Während der Pausen dazwischen fließt die Bewegung weiter.*

O nobilissima viriditas,
quae radicas in sole,
et quae in candida serenitate luces in rota,
quam nulla terrena excellentia comprehendit,
tu circumdata es
amplexibus divinorum mysteriorum.
Tu rubes ut aurora
et ardes ut solis flamma.

O edelstes Grün,
das wurzelt in der Sonne
und leuchtet in klarer Heiterkeit,
im Rund eines kreisenden Rades,
das die Herrlichkeit des Irdischen nicht fasst:
umarmt von der Herzenskraft göttlicher Geheimnisse
rötest du wie das Morgenlicht
und flammst wie der Sonne Glut.
Du Grün
bist umschlossen von Liebe.
                    Hildegard v. Bingen [43]

Dieser Tanz ist auch möglich im Rhythmus von Glocken, z.B. von Kirchenglocken: ein rhythmisches Schwingen auf jeweils sechs Zeiten.

Die Grünheit wertet nicht, analysiert nicht, verteidigt sich nicht. Sie ist immer da. In uns und um uns. Es ist möglich, »O edelstes Grün« zu tanzen – gleich wo wir sind: auf einer Waldwiese oder in der Stadt, mit den Geräuschen, die da sind.

Wahrnehmung der Geräusche mit weichem Ohr. Das heißt, ohne zu werten, ohne zu unterscheiden. Die Geräusche hören, die jetzt in diesem Augenblick da sind. Der Wind, der das Gras bewegt. Das Rauschen der Blätter in den Bäumen. Vielleicht ein Flugzeug oder ein Motorrad, das gerade vorbeirast. Oder das Geräusch der Bauarbeiten. Alles, was hier und jetzt ist, gehört zum Tanz.

Aufstellung
● *Einzeln im Raum verteilt oder im Kreis.*

Anleitung
● *Dieser Tanz kann sich ganz organisch aus der 2. Urgebärde entwickeln. – Aus dem Spüren der geöffneten Hände. – Aus der Wahrnehmung des Raums, der Lufttemperatur um die Hände, zwischen den Fingern.*

● *Sind in den Innenhandflächen Bälle vorstellbar? – Bälle aus Licht? – Sachte die Hände zusammenkommen lassen, bis nur noch ein Ball da ist.*

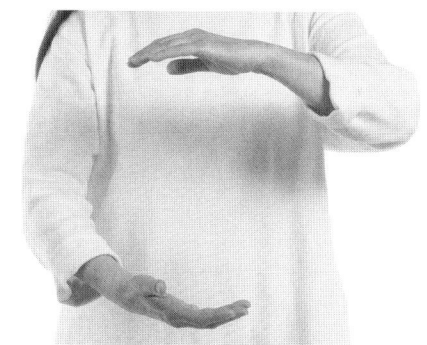

● *Drehen und wenden des Balls. – Die Hände auseinander und wieder zusammenkommen lassen. – Sich einen Lichtball vorstellen zwischen den Händen.*
(Vorstellen meint: mit den Händen spüren, nicht denken!)

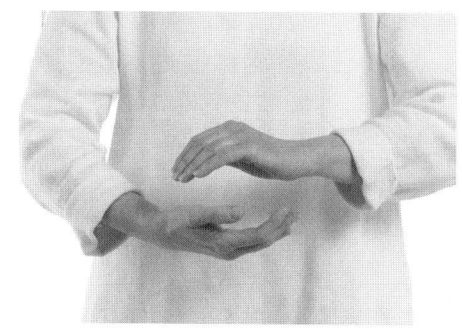

● *In welcher Entfernung wird der Ball am intensivsten gespürt? – Diese Entfernung beibehalten. – Den Ball auf die Höhe des Nabels, mindestens handbreit vom Körper entfernt tragen.*

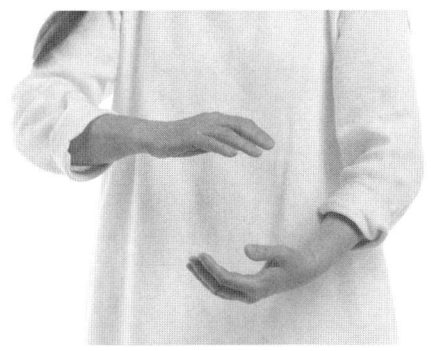

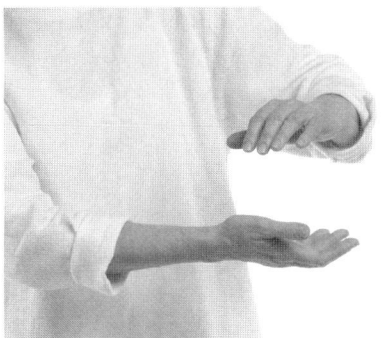

    Linke Hand unten – rechte oben.

    Mittig etwa Schulterbreit stehen, gleichviel Gewicht auf beiden Füßen. – Sich leicht sinken lassen.

    Ein Steigen des Körpers – in rundem Bogen, Drehen der Hände – linke Hand oben, rechte unten.

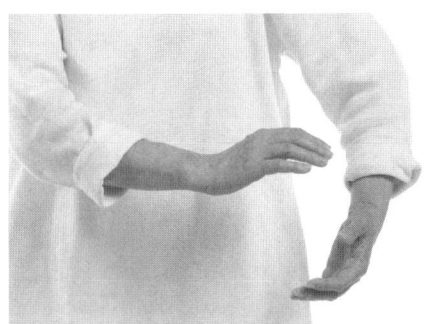

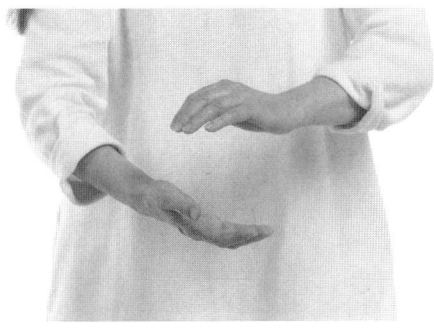

    Linke tragende Hand nach unten, in einem Bogen nach unten links sinken – rechte Hand begleitet den Ball.

    Gewicht verlagern auf linken Fuß.

    Rechter Fuß bleibt in Kontakt zum Boden.

    Zurück zur Mitte. Gleichviel Gewicht auf beiden Füßen.

    Ein Sinken des Körpers.

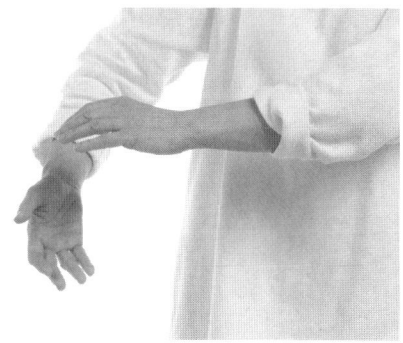

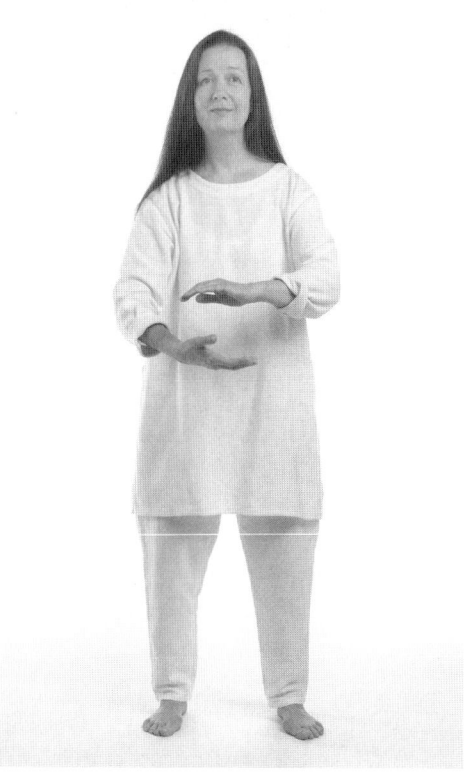

○ Seitengleich nach rechts – die sinkende Hand hat mehr Gewicht.

○ Die obere Hand ist leicht und begleitet die tragende Hand.

○ Der Kontakt zwischen den Händen bleibt.

Die Gebärde dreht sich
wie eine ∞ um ein Zentrum.

○ Es ist ein Sinken in den Bauch, in das Becken, die Knie gehen mit. – Der ganze Körper geht mit.

○ Dieses Sinken ist gleichzeitig ein Schließen, ohne den Kontakt zur großen Weite zu verlieren.

○ Es ist beim Steigen ein Öffnen des ganzen Körpers in die große Weite, ohne den Kontakt zur eigenen Mitte zu verlieren.

○ Das Gewicht der Füße wird verlagert jeweils auf die eine und auf die andere Seite.

○ Im Kreis ist der weiche, kontemplative Blick auf die Mitte gerichtet. Gleichzeitige Wahrnehmung des gesamten Kreises.

Wir beginnen die Bewegung sachte gemeinsam und bleiben in Kontakt. Wir lassen uns einschwingen in die wenig rhythmisierte Musik. Wenn wir uns auf die linke Seite ausrichten, haben wir mehr Kontakt zu unserer Nachbarin auf der linken Seite und bleiben mit ihr im selben Rhythmus. Wenn wir uns auf die rechte Seite ausrichten, haben wir mehr Kontakt mit dem Nachbarn auf der rechten Seite und bleiben im selben Rhythmus.

Wir lassen immer mehr den ganzen Körper in der runden Bewegung mitschwingen.

Der Lichtraum zwischen den Händen ist rund. Er kann sich vergrößern oder verkleinern. Vergrößert er sich, wird der Weg weiter und die Bewegung schneller, und umgekehrt, verkleinert sich der Raum, wird die Bewegung langsamer.

Wir übernehmen immer wieder den Rhythmus und die Bewegungen von unseren Nachbarn und tragen sie weiter. Gleichsam den ganzen Kreis wahrnehmend, ist jede und jeder Teil einer Lichtwelle.

Jeweils nach ca. 10 bis 25 Minuten einen gemeinsamen Abschluss finden und innehalten.

● *Wie stehen wir jetzt da? – Wie nehmen wir jetzt die Füße, die Hände, die Mitte wahr? – Ist da vielleicht Wärme? – Spüren wir Licht, Lebenskraft in den Händen?*

● *Wie ist jetzt der Raum um uns?*

● *Wie ist jetzt der Kontakt zu unseren Nachbarinnen/Nachbarn, zum Kreis? – zur Umgebung insgesamt?*

Diese Lebenskraft, die durch unsere Hände fließt, die wir manchmal stärker, manchmal schwächer wahrnehmen, *ist nicht unsere Kraft.* Es ist göttliche Lebenskraft, die durch unsere Hände fließt. In einer Gebärde, die für jede und jeden von uns stimmt, können wir diese Lebenskraft weitergeben an ein Wesen, an einen Menschen irgendwo auf der Welt, der es in diesem Moment brauchen kann.

● *In einer vertrauten Gruppe können wir uns die Hände gegenseitig auflegen.*

● *Wir können aber die Hände auch uns selber auflegen, vielleicht auf einen schwachen Punkt in unserem Körper, wo wir gerade Unterstützung nötig haben. – Oder wir legen die Hände einfach wieder auf den Nabelbereich, damit die Energie da aufgenommen werden kann und von selber im Körper dahin fließt, wo sie gebraucht wird.*

Die ∞ Schreiten

Vor Jahren erzählte mir eine Frau, dass sie mit anderen Frauen in der Schweiz wieder einen alten Brauch der Alpenländer aufgenommen habe. Am 2. Februar, 40 Tage nach Weihnachten, zu Maria Lichtmess, seien sie stundenlang auf einem Feld im Schnee in einer ∞ gegangen. Am Abend hätten sie dann mit vielen Lichtern in einer Hütte gefeiert. (Leider konnte ich dieses Ritual nie mitfeiern.) Aber es lässt hinhören. Es wäre ein schöner Brauch: Zu einem Zeitpunkt, wo der Himmel der Erde sehr nah ist, das himmlische Zeichen der Unendlichkeit, durch die eigenen Füße auf die Erde zu bringen – zum Segen der Felder, zum Segen der Menschen.

In den letzten Jahren haben wir am 2. Februar immer wieder unsere Spuren im Schnee oder auf der gefrorenen Erde gezogen. Manchmal singenderweise, manchmal mit dem Rhythmus einer Trommel, manchmal in der Stille: Besonders abends oder nachts, Lichter tragend, nur mit dem Geräusch der eigenen Schritte im Schnee.

Unendlichkeit im Hier

Alle Richtungen gehen, einmal im Uhrzeigersinn, einmal gegen den Uhrzeigersinn. Ein wiegendes Hin und Her, die Kreuzung immer wieder durchschreitend, mit diesem einen Schritt.

Die Bewegung im Raum

152

Ewigkeit im Jetzt

Ich selbst bin Ewigkeit, wenn ich die Zeit verlasse
und mich in Gott und Gott in mich zusammenfasse.

Angelus Silesius

Wie kann ich die Zeit verlassen und mich in Gott zusammenfassen?
Indem ich die Zeit verlasse: Jetzt, in diesem Augenblick, in diesem einen Schritt.

Das Schreiten in dieser ∞ erfordert besondere Aufmerksamkeit. Die Kreuzung wird stärker betont. Am Ende der kurzen »Musik« immer wieder innehalten. Manchmal hier, manchmal dort, manchmal auf der Kreuzung.

Musik

Der Rhythmus ist durch Klanginstrumente gegeben, die den Instrumenten, die in der Ostkirche zum Stundengebet rufen, nachempfunden sind. In griechisch-orthodoxen Klöstern wird mit einem Semantron (Stundenbrett) oder mit Glocken zum Stundengebet gerufen. Die geschlagenen Rhythmen bedeuten:

Denk daran, dass du ein Mensch bist. Denk daran, dass du ein Mensch bist. Denk daran, dass du ein Mensch bist....
Oder: Denk an deine Talente Denk an deine Talente Denk an deine Talente ...

Handhaltung

● *Die Hände und Arme liegen am Anfang auf der Leibesmitte wie in der 1. Urgebärde (S. 71), später geöffnet wie in der 2. (S. 76) und in der 5. Urgebärde »Eine leere Schale« (S. 84), um sich zum Schluss über der Mitte wieder zu schließen.*

● *In der Dunkelheit mit beiden Händen ein Licht tragen.*

Die Bewegung im Raum

● *Von zwei Seiten im Raum kommen über Kreuz gleich viel Personen auf die Mitte zu und »fädeln« sich im »Reißverschlusssystem« in die ∞ ein. Immer abwechselnd eine Person von der einen und die nächste Person von der anderen Seite, bis sich die ∞ gefüllt hat. – Die Größe der (hängt vom Raum und der Anzahl der Menschen ab.*

In der Natur können es zwei Feuerstellen sein in entsprechendem Abstand, in einem Innenraum zwei Kerzen.

Ein flüssiges Schreiten lässt die ∞ aufleben. – Das Schreiten ist ein nicht leichter Tanzschritt. Es braucht Achtsamkeit und erfordert Präsenz. – Die Bewegung aus der Leibesmitte geschehen lassen – (S. Anleitung S. 71/72).

● *Im Kontakt der ganzen Fußsohle zur Erde, während sich die andere Fußsohle von der Ferse aus abrollen lässt, sicher aufsetzt und ankommt. – Erst jetzt kann die erste Fußsohle sich auch abrollen lassen. – Ein »Sich-schreiten-Lassen«. – Schritt für Schritt den Fuß leicht abrollen, natürlich gehen, im vorgegebenen Rhythmus.*

● *Bei sich sein, mit einem eher nach innen gerichteten Blick. – Gleichzeitig muss die Aufmerksamkeit auf die Person gerichtet sein, die vor einem geht. – Der gleiche Abstand bleibt, damit an der Kreuzung kein Stau und kein Anhalten entsteht. – Während der kurzen Pausen halten wir inne. Hier können auch die Handhaltungen geändert werden. – Beim Weiterschreiten ist darauf zu achten, dass – nach einem Auftakt – alle gleichzeitig losgehen. – Wir schreiten in einen weiten Raum.*

Ein Mensch, der auf dem Weg zu Gott ist, geht zu Ihm mit Seinem (Gottes) Fuß. Dieser Mensch ist ganz gegenwärtig, sein Kopf ist da, wo sein Fuß ist und sein Fuß ist da, wo sein Kopf ist.

(Al-Hujwiri)

Jetzt

Zeit ist wie Ewigkeit und Ewigkeit wie Zeit, wenn du nur selber nicht machst einen Unterscheid.

Angelus Silesius

Ewigkeit ist nicht eine Aneinanderreihung von Zeit. Ewigkeit ist ein Daseinszustand. Und der ist immer jetzt. Unendlichkeit ist nicht eine Aneinanderreihung von Raum. Unendlichkeit ist ein Daseinszustand. Und der ist immer hier.

Beim Schreiten in dieser ∞ stellt sich immer wieder die Frage: »*Was ist Zeit?*« Zeit ist unsere Wahrnehmung von Veränderung. Veränderung vollzieht sich in unserem Bewusstsein. Dies wirkt auf unsere physiologischen Veränderungen im Laufe unserer Lebenszeit.

Ein Forscher suchte herauszufinden, warum in manchen Völkern Menschen sehr alt werden. Er fand heraus, dass es nicht der Knoblauch und nicht das Bad im eiskalten Fluss ist, sondern dass diese Völker ein gleiches Bewusstsein haben: das kollektive Bewusstsein des jeweiligen Stammes, der jeweiligen Gesellschaft, dass es wunderbar ist, alt zu werden. Altsein heißt bei diesen Völkern: Mehr wert sein.

154

Zeit »an und für sich« gibt es nicht. Wir erfahren sie zu unterschiedlichen Zeiten und Anlässen ganz unterschiedlich. Die Zeit vergeht »wie im Flug«, oder »die Zeit läuft mir davon«. Wenn wir uns hetzen, haben wir keine Zeit. »Der Sonnenuntergang ist so schön, dass die Zeit stillsteht.« Die Zeit steht still, weil das Bewusstsein stillsteht. Wenn wir erfahren, dass wir Bewusstsein sind, steht uns die gesamte Zeit zur Verfügung. Der Mystiker nimmt Vergangenheit und Zukunft als nicht getrennt wahr. Gott erschafft die Welt stets jetzt in diesem Augenblick.

Meister Eckehart predigt: »...würden wir sagen, dass Gott die Welt gestern oder morgen erschüfe, so würden wir uns töricht verhalten, Gott erschafft die Welt und die Dinge in einem gegenwärtigen Nun. Und die Zeit, die da vergangen ist vor tausend Jahren, die ist Gott jetzt ebenso gegenwärtig und ebenso nahe wie die Zeit, die jetzt ist.«

Die Erste Wirklichkeit ist Zeit und Zeitlosigkeit. In dieser Erkenntnis liegt die Lösung vieler Fragen. Da wir aber Zeitlosigkeit nicht denken können, finden wir auch die Lösungen nicht. Dass etwas zeitlos und in der Zeit gleichzeitig sein kann, entzieht sich unserer mentalen Erfahrung. Unser an Raum und Zeit gebundenes Ichbewusstsein kann uns nur an die Grenze dieser Erfahrung bringen. Es ist für die Grenzüberschreitung in die Zeitlosigkeit nicht gemacht. Nur das Loslassen kann uns in das qualitativ ›Ganz Andere‹ hinübergleiten lassen ... Unsere Ratio, die sich

in Raum und Zeit bewegt, ist für diese Erkenntnis nicht zuständig. Sie fühlt sich deswegen gekränkt.

Willigis Jäger.

Das Ende der Zeiten ist nicht irgendwann, sondern in diesem Augenblick. Jetzt. Nur jetzt erfahren wir unser Lebendigsein. Sterben und Geboren-Werden gehören dazu. Dieser so erfasste Augenblick kann unsere Lebensgewohnheiten erschüttern.

Nur jetzt in dieser einen Bewegung.
Jetzt in diesem einen Tanzschritt.
In diesem einen Tanzschritt.
In diesem einen Schritt.
Nichts vorher. –
Nichts nachher. –
Nur jetzt. –
Jetzt. –

Jetzt. –

Jetzt. –

Dieser eine Atemzug –
mein letzter Atemzug.

Dieser eine Atemzug –
mein erster Atemzug.

O Unsterblichkeit, im Vergänglichen verborgen, liegt schon die Zukunft.

Ruth Grimm

Meditation der vier Himmelsrichtungen

Ein dynamisches Körpergebet

Diese Meditation wurde von Jabrane Mohamed Sebnat, einem spirituellen Lehrer aus Marokko entwickelt. Er erzählt, dass die Bewegungen vor langer Zeit einem jungen Forscher aus den Atlasbergen im Traum eingegeben worden seien. Für diesen waren die Bewegungen eines von vielen Elementen, die ihm damals halfen, sich von einer tödlichen Krankheit zu heilen. Nachdem er wieder gesund geworden war, machte sich der junge Forscher auf, die Welt zu erkunden. Während seiner Reisen zeigte er Menschen, denen er begegnete, einige dieser Bewegungen. Viele Jahre später wurden sie dann zu einer beliebten Meditation. Inzwischen haben viele Menschen sie kennen und lieben gelernt, und üben sie täglich. [44]

Diese Meditation bewährt sich auch, wenn wir nicht so fleissig und diszipliniert sind, und sie nur von Zeit zu Zeit tanzen. Sie will nichts erzwingen, und es wird kein bestimmtes Ergebnis erwartet. Die sich gleichmäßig wiederholenden Bewegungen bringen uns in den jetzigen Augenblick, in unsere Mitte und gleichzeitig in den Raum, in die Landschaft, in der wir sind.

Herzlichen Dank an Jabrane für diese wunderbare Meditation und die Erlaubnis, sie hier zu veröffentlichen. Jabrane formuliert die eigentliche Botschaft so:

*B**ewege dich, atme und bringe deine Schönheit zum Ausdruck!*

Musik

CD »Meditation der Himmelsrichtungen« zu beziehen über den Buchhandel oder ALIFIA INTERNATIONAL, Brunnslövskolan 1166, 24297 Hörby SWEDEN, TEL.: +46/415 - 440 23 FAX: - 44123. Noch schöner ist, wenn jemand den Rhythmus live trommelt. Wir haben die »Vier Himmelsrichtungen« auch mit den Geräuschen der Natur, auf Bergwiesen und am Meer getanzt.

Aufstellung

Einzeln im Raum nach Norden, im Kreis zur Mitte oder zum Altar ausrichten.

Übungsanleitung

Die Hauptelemente sind Atem, Berührung und Bewegung (1. – 4. Phase).

⚬ Einen festen Stand und guten Kontakt mit den Füßen zum Boden.

⚬ Die Hände übereinander auf die Leibesmitte legen. Sich atmen lassen. –

⚬ Ausatmen durch den Mund. Rechte Hand bewegt sich in die jeweilige Himmelsrichtung. Linke Hand zurück auf den Bauch.

⚬ Gleichzeitig mit dem rechten Bein Ausfallschritt in die jeweilige Himmelsrichtung.

⚬ Rechtes Knie über dem rechten Vorderfuß. Linkes Bein gestreckt.

⚬ Dieselbe Bewegung mit der linken Seite.

⚬ Einatmen durch die Nase.

⚬ Die Hände bis zur Herzensmitte bewegen. –

⚬ Öffnen der Hände.

159

1. Phase: *Sich nach Norden ausrichten. (Oder zur Mitte, zum Altar)*

   Alle Bewegungen nach Norden. (Wiederholen bis zum Ende der Musikphase.)

2. Phase: *Nach Norden ausgerichtet stehen.*

   Die Bewegungen auf die rechte Seite nach Osten.

   Die Bewegungen auf die linke Seite nach Westen.
(Wiederholen bis zum Ende der Musikphase.)

3. Phase: *Nach Norden ausgerichtet stehen.*

   Die Bewegungen mit der rechten Seite nach Süden (180-Grad-Drehung)

   Die Bewegungen mit der linken Seite nach Süden (180-Grad-Drehung).
(Wiederholen bis zum Ende der Musikphase.)

4. Phase: *Nach Norden ausgerichtet stehen.*

   Eine Bewegung mit der rechten Seite nach Norden.

   Eine Bewegung mit der linken Seite nach Norden.

   Eine Bewegung auf die rechte Seite nach Osten.

   Eine Bewegung auf die linke Seite nach Westen.

   Eine Bewegung mit der rechten Seite nach Süden.

   Eine Bewegung mit der linken Seite nach Süden.
(Wiederholen bis zum Ende der Musikphase).

   Zwischen den Phasen innehalten. Die Hände können auf der Leibesmitte liegen.

5. Phase: *Drehen! Dieser Teil der Meditation basiert auf dem Tanz der Derwische.*

   Rechter Arm, rechte Handfläche nach oben zum Himmel.

   Linker Arm, linke Handfläche nach unten zur Erde.

   Der Kopf ist leicht nach rechts geneigt, der Blick mit halb geschlossenen Augen nach innen gerichtet. – Ein Horchen zum Herzen. – Die rechte Körperseite ist wie ein Rad.

   Das rechte Bein dreht sich gegen den Uhrzeigersinn um die Achse des linken Beines, die linke Körperseite. – Der rechte Fuß setzt immer wieder auf.

   Das Gewicht hauptsächlich auf dem linken Fuß. – Die linke Körperseite ist wie ein Baum, verwurzelt in der Erde.

Für Anfänger, oder Menschen, denen es beim Drehen leicht schwindlig wird, ist unterstützend, im Drehen einen Anhaltspunkt zu haben:

   Die rechte Hand etwa auf Augenhöhe. – Die linke Hand aufs Herz. – Das Drehen kann langsam sein. – Das Gleichgewicht kann durch den konstanten Blick in die rechte Hand gehalten werden, sowohl beim Drehen als auch beim anschließenden Stehen.

   Wichtig ist der Kontakt zur Leibesmitte und zum Boden mit der linken Fußsohle.

6. Phase: *Innehalten. Es ist möglich einfach nur dazustehen, und/oder die Hände auf Bauch und Herzensmitte zu legen. – Oder sich hinknien und die Stirn auf den Boden zu legen, oder sich hinlegen. – Nachspüren.*

160

Die Meditation der vier Himmelsrichtungen stärkt und kräftigt. Sie hat eine reinigende Wirkung auf die Atemwege. Sie ist so anstrengend, dass man leicht ins Schwitzen kommt. Bei allzu großer Anstrengung, gerade bei älteren KursteilnehmerInnen ist es gut möglich, zwischendurch innezuhalten.

Die Übung reinigt uns auch von unseren Konzepten. Alle Gedanken und Gefühle, die während der Meditation auftauchen, können mit dem Atem in die Bewegung gegeben werden. Sie kann denen Stille bringen, die von Gedanken und Emotionen besetzt und nicht geübt sind, still zu sitzen.

Es ist eine lebendige Hingabe in die jeweilige Himmelsrichtung. Diese Meditation klärt Menschen und auch Räume. Gleichzeitg ist es eine hervorragende Übung für den Alltag. Sie verkörpert das »Nach-innen-Hören und Nach-außen-Wirken«.

Viele Mütter und Väter und viele, die im sozialen Bereich tätig sind, neigen dazu, mehr zu geben, als sie haben. Hier üben wir ein, so viel zu geben wie wir können, und nicht mehr zu geben, als wir haben. Die Meditation der vier Himmelsrichtungen lässt die Tanzenden immer wieder erleben, dass sie getanzt werden.

Dort draußen, wo ich mich hinwende, das bin ich. Und der weite Horizont öffnet sich wie eine Blume in meinem Herzen. Erst seit ich tanze, lebe ich. Vorher habe ich nicht existiert.

Wo immer der Tanzende mit dem Fuß auftritt, da entspringt dem Staub ein Quell des Lebens.

Rumi

161

Unsere Mutter Erde

Dieses Gebet vermutlich nach einem Text der Essener, habe ich bei meiner ersten Begegnung mit Maria-Gabriele Wosien Anfang der 80er Jahre von ihr gelernt. Seitdem begleitet es mich. Herzlichen Dank!
Die Gebetsgebärden sind wie Eisberge, der dazu gesprochene Text wie die Spitze des Eisbergs.

Unsere Mutter Erde
Dein Name ist heilig
Dein ist dieses Reich der Erde
Durch dich geschehe dein Wille in uns
Jeden Tag sendest du deine Engel aus.
Sende sie auch zu uns.
Unsere Vergehen gegen dich suchen wir
zu sühnen.
Vergib sie uns.
Und
heile uns von aller Krankheit
Denn in dir sind die Erde
und dieser Körper eins.
Amen

162

UNSERE MUTTER ERDE,

DEIN NAME IST
HEILIG.

DEIN IST DIE-
SES REICH DER
ERDE.

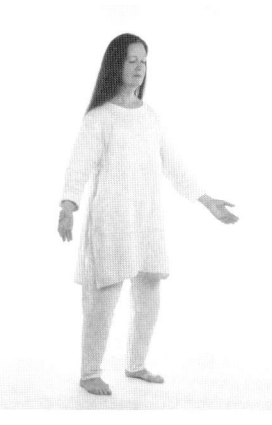

DURCH DICH
GESCHEHE
DEIN WILLE
IN UNS.

163

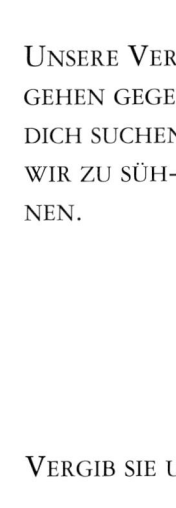

UNSERE VER-
GEHEN GEGEN
DICH SUCHEN
WIR ZU SÜH-
NEN.

VERGIB SIE UNS.

JEDEN TAG SENDEST DU DEINE ENGEL
AUS.

UND

SENDE SIE AUCH
ZU UNS.

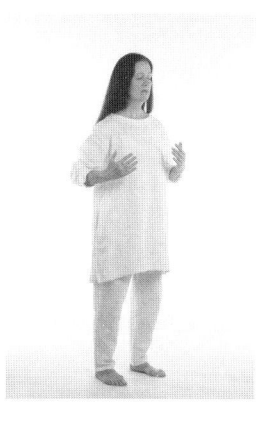

HEILE UNS

VON ALLER
KRANKHEIT,

DENN IN DIR SIND DIE ERDE

UND DIESER KÖRPER EINS.

AMEN

165

In alten Zeiten und in Kulturen, die noch mit ihrer Tradition verbunden sind, gibt es Räume, die nur Frauen, und Räume die nur Männern zugänglich sind.

Gerade heute ist es wichtig, Erfahrungsbereiche zu pflegen, die jeweils für das andere Geschlecht unbetretbar sind. Die weiblichen und die männlichen Energien bleiben bewahrt, sodass sie zu einer anderen Zeit umso besser wieder zusammenklingen können.

Um unsere Kraft zu verstärken, brauchen wir Zeiten und Räume, in denen wir Frauen unter uns sind, wo wir uns auf unsere Stärken, auf unser Sein besinnen. Unser Weg ist geprägt durch Zyklen, die uns mit dem großen Ganzen verbinden.

Es ist wichtig, ab und zu nur unter uns zu sein und sich auf die Mythen der großen Mutter zu besinnen. Wir können uns gegenseitig Kraft geben für einen Alltag, der stark von Männern bestimmt ist. Die weiblichen Mythen lehren Mitgefühl mit allem Lebendigen. Die Heiligkeit der Erde, denn sie ist der Körper der großen Mutter.

Nach dem Fall der Mauer bin ich mit einer Indianerin im vormaligen Niemandsland auf Kräutersuche gegangen. Für jede Sorte von Kräutern, die wir pflückten, hat sie zuvor in jede Himmelsrichtung ein Gebet gesprochen, sich verneigt und bei Mutter Erde bedankt, indem sie ihr mit dem Gebet viermal Tabak gab. Andere geben der Erde geweihte Kräuter oder etwas Süßes, bevor sie ihr etwas wegnehmen. Von Romas habe ich gehört, dass die alten Männer noch den Hut gezogen haben, wenn sie an einem Holunderbusch vorbeigekommen sind.

Friedensgebet

*H*err, mache mich zum Werkzeug dei-
*H*nes Friedens:
dass ich Liebe wage, wo man sich hasst;
dass ich verzeihe, wo man sich belei-
digt;
dass ich schlichte, wo Streit ist;
dass ich die Wahrheit sage, wo Irrtum
herrscht;
dass ich Hoffnung wecke, wo Verzweif-
lung quält;
dass ich ein Licht anzünde, wo Finster-
nis regiert;
dass ich Freude bringe, wo Kummer
wohnt.
Herr, lass mich das Geheimnis deines
Friedens erfahren:
dass ich getröstet werde, wenn ich trö-
ste;
dass ich verstanden werde, wenn ich
verstehe;
dass ich geliebt werde, wenn ich liebe.

Denn wer hingibt, der empfängt;
wer sich selbst vergisst, der findet;
wer verzeiht, dem wird verziehen;
und wer stirbt, wird nicht verloren sein.

Dem hl. Franziskus zugeschrieben

Vor dem Schlafengehn bewegen wir uns
manchmal in dem italienischen Friedens-
gebet.
Die Choreografie ist von Maria-Gabriele
Wosien.

Musik

Cantiones sacrae
Sacred Songs in many harmonies for Sin-
ging in Community
Recorded 94–95 Findhorn Foundation
Directed bei Barbara Swetina fon/fax
0044–1309690623

*O*signore,
*O*fa di me
un istrumento
della tua pace ...

O Herr,
mache mich
zum Werkzeug
deines Friedens.

Aufstellung
Einzeln verteilt im Raum oder im Kreis.
Zum Altar oder zur Kreismitte gewendet

O Signore

* *Herz und Hände öffnen –*

* *die Arme rund in den Raum vor sich weiten und sinken lassen. – Wie eine leere Schale da sein.*

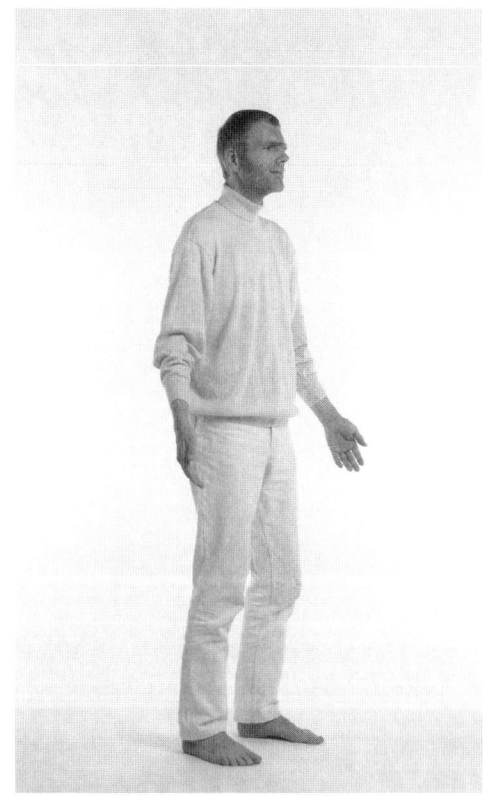

* *Die Handgelenke überkreuzt vor der Herzensmitte.*

UN ISTRUMENTO

● *Die Handflächen nach oben drehen und die Hände heben. – Werkzeug sein, durchlässig wie eine Rohrflöte zwischen Himmel und Erde.*

FA DI ME

● *Die Arme weiten sich in den Raum zu beiden Seiten. – Umarme die Schöpfung.*

DE LA TUA

Die Handflächen zum Gesicht drehen.
– Hände und Arme vor dem Gesicht ...

PACE

...wieder zur Herzensmitte senken.

170

Diese Reihenfolge der Gebetsgebärden tanzen wir: Fünfmal zum Altar oder zur Kreismitte gewendet, fünfmal in jede Himmelsrichtung. – (Jeweils am Ende der Strophe sich über die rechte Schulter eine Vierteldrehung in die jeweilige Himmelsrichtung wenden.) – Fünfmal zum Altar oder zur Kreismitte.

Eine kürzere Fassung: Dieselbe Reihenfolge jeweils nur ein mal.

Für diese Gebetsgebärden herzlichen Dank an Maria-Gabriele Wosien!

Der Gang durchs Labyrinth[45]

»Komme ich da auch wieder heraus?«
»Ja, ganz gewiss!« Denn ein Labyrinth ist kein Irrgarten, wie viele Menschen meinen, die vor dem Labyrinth stehen oder dieses Wort hören und damit eine verwirrende Situation verbinden. Irrgärten entstanden erst ab dem 15. Jahrhundert zur Unterhaltung des Adels. Ein Labyrinth hat immer einen ganz klaren, kreuzungsfreien Weg, der zwangsläufig, wenn man ihn bis zum Ende verfolgt, zur Mitte führt. Das Labyrinth ist ein uraltes Menschheitssymbol, das wir seit Jahrtausenden in fast allen Kulturen finden, ein Symbol der Vielfalt und Vielschichtigkeit. Es ist zugleich Kosmos, die Welt, das individuelle Leben, der Tempel, die Stadt, der Mensch, der Schoß der großen Göttin oder die Gedärme der Mutter Erde, die Gehirnwindungen, das Bewusstsein, das Herz, der Pilger-Weg, die Reise, die Gratwanderung, ein Ort der Erlösung, wo der Heilige Geist wirksam wird, wo Himmel und Erde zusammenkommen, wo sich Gegensätze vereinen, Mysterienspiel und Tanzplatz.
Es ist in jedem Fall ein Umweg: auf engstem Raum der weitmöglichste Umweg zur Mitte. C.G. Jung soll einmal gesagt haben:

Was ist der direkteste Weg? Der Umweg.

Das Labyrinth ist auch Übergang. Vielleicht haben wir es auch dem Übergang in ein neues Jahrtausend zu verdanken, dass an vielen Orten Labyrinthe entstehen. Inzwischen gibt es auf der ganzen Welt umfassende Literatur, die aber letztlich nur Versuch sein kann, sich dem Geheimnis des Labyrinths zu nähern.[46]

Als ich nach Würzburg ins Meditationshaus St. Benedikt kam und eingeladen wurde, Zazen und Kontemplation ergänzende spirituelle Kurse mit Tanz und Bewegung anzuleiten, lag es auf der Hand, an diesem Ort der Stille, auf einem Stück Rasen ein Labyrinth anzulegen, das begangen und betanzt werden konnte.
Von allen Labyrinthformen entschieden wir uns für das einfache klassische und wohl älteste siebengängige Labyrinth. Es wird »kretisch« genannt, kommt aber auch an anderen Stellen in Europa und auch in Indien und Amerika vor. Es war wohl ursprünglich ein Tanzplatz, ein Ort der Bewegung zu kultischem Zweck. (Es ist jedoch in dieser Form als begehbares Labyrinth in Kreta bis jetzt nie gefunden worden.) Der vermutliche Ursprung des Wortes ist: LABRYS= Doppelaxt, INTHOS = Ort. Das Zeichen der Doppelaxt findet sich nicht nur in Knossos sondern auch auf dem Balkan, im alten Europa und in Vorderasien als Zeichen der höchsten Gottheit (s. S. 131). Die Form des klassischen Labyrinths ist in vielen Traditionen als Übergang und Durchgang vorhanden,

wo es um Geburt, Leben, Tod und Auferstehung geht. Es ist ein Einweihungsweg aus einer Zeit, in der nicht linear gedacht, sondern analog wahrgenommen wurde. Aus einer Zeit, in der sakral und profan nicht getrennt wurden.

*A*riadnefaden
der Lebensweg ins Labyrinth.
Folgen wir ihm Schritt für Schritt,
findet die Mitte diejenigen,
die auf dem Weg bleiben.

Ein weiterer Grund, warum wir diese Labyrinthform wählten, war die Enge des Platzes. Es stand uns nur eine Fläche von acht Metern Durchmesser zur Verfügung. Wir entschieden uns für den Eingang im Westen, fanden die Mitte und begannen vom Kreuz aus Bögen zu ziehen. Zuerst benützten wir Kreide. Als sich die Form am vorgesehenen Ort bewährte, betteten wir als Begrenzung kleinere Pflastersteine in den Rasen.
Nun war die äußere Form da. Das Wesen des Labyrinths liegt jedoch nicht in seiner äußeren Form, sondern in der Bewegung, die es hervorbringt.

Um den eigentlichen Sinn eines Labyrinthes zu erfahren, muss man es begehen.

Da Inhalt und Form nicht getrennt sind, können diejenigen, die sich mit Leib und Seele einlassen, ihre eigene Tiefe erfahren. – Hunderte von Menschen verschiedener Konfessionen sind in den letzten Jahren

in intensiven Kursen durch dieses Labyrinth gegangen.
Ihre Erfahrungen dabei sind ähnlich. Sie zeigen, dass das Labyrinth ein spirituelles Werkzeug ist, und den Menschen Dimensionen eröffnen kann, die sie vorher nicht für möglich gehalten hatten. Die Erfahrung entspricht natürlich der jeweiligen Lebensgeschichte und der augenblicklichen Verfassung eines Menschen. Ich möchte versuchen, mit Worten von Kursteilnehmerinnen und -teilnehmern den Weg ins Labyrinth zu dokumentieren.

Das Labyrinth lockt die Menschen und macht ihnen Angst. Man steht vor einem abgegrenzten Raum. – Es gibt nur einen engen Eingang. Nicht jeder wagt den ersten Schritt.

173

*D*as Labyrinth löste in mir eine ungeheure Angst aus, vor dem Ausgeliefertsein an etwas, was nicht zu durchschauen ist. – Hilfreich und ermutigend war für mich die Gruppe, die sich fast geschlossen für diesen Durchgang entschied. Als ich an der Reihe war, hatte die Angst meinen physischen und mentalen Widerstand gebrochen, und ich konnte jeden Schritt, egal wie er war, geschehen lassen. – Wer das Labyrinth betritt, ist eingeschlossen, isoliert, abgeschlossen von seiner bisherigen Umgebung. – *Alles verschwindet, was außen war, man tritt in einen heiligen, zeitlosen Raum. Alles verschwindet bis auf diesen Weg, den man begeht. – Egal was passiert, wenn ich nur einen Fuß vor den anderen setze, komme ich an, einfach nur Gehen reicht aus.*

Der Umweg beginnt. – Manchmal ist das Ziel ganz nah, dann wieder weit entfernt.

*I*ch muss mich in weiten und engen Bögen immer wieder um 180 Grad drehen. Es ist ein Einüben ins Gegenteil von dem, was ich gerade noch dachte, fühlte, was ich eben noch war. – »Ich verliere die Orientierung. Die Angst mich zu verirren, kam aus einer tiefen Schicht hoch und hat mich stocken und zögern lassen: Ich hatte den roten Faden verloren. Das Wissen um die Mitte hat mich weitergetragen und mich weitergehen lassen. Dadurch, dass ich langsam immer wieder einen Fuß vor den anderen gesetzt habe, hat sich das Gewirr, die Verknotung in mir gelöst ...Dieses war wohl für mich die wichtigste Erfahrung: Der rote Faden ist in mir. Niemand außer mir selber kann ihn mir geben. Wenn ich im Vertrauen auf die Mitte den Weg weitergehe, werde ich immer wieder einen Zipfel davon erhaschen. Irgendwie hat dies mein Leben verändert. – »Unterwegs auf engstem Raum, mit anderen, jede auf ihrem Weg. Wenn ich dem Weg der anderen folge, komme ich vom eigenen Weg ab.« – »Offen sein für andere, und gleichzeitig meinen eigenen Weg fortsetzen. Jeden Schritt wahrnehmen wie einen ersten Schritt. Sich hinwenden, kehrtwenden, abwenden, annähern. Manchmal gehts nicht weiter, zittere ich. Dann wieder der Aufbruch. Ahnung von etwas Grundlegendem, mit meinem Inneren in Resonanz Stehendem, etwas, was mich antreibt, anzieht, auf Umwegen.« – »Die langen Außenwege. Ob ich überhaupt noch auf dem richtigen Weg bin? Ob der ganze Weg, die ganze Mühe umsonst war?« – »Die Mitte kommt unverhofft!«

Wer aushält, kommt zur Mitte. – In der Mitte ist jede und jeder allein. Die Mitte des Labyrinths ist die eigene Mitte.

*H*erzklopfen vor der Mitte. Es wird mir jetzt besonders schwer, als würde mich eine unsichtbare Kraft in den Boden ziehen. Die Kraft ist noch ungewohnt. Ich gebe ihr nach. Wie komme ich wieder raus, wenn es mir noch enger wird in der Brust? – »Halte ich den Schmerz noch aus oder muss ich flüchten? Die Gemeinschaft gibt mir Vertrauen. Die Angst lässt nach. Die Zugkraft der Mitte. Der letzte Schritt.«

● *Im Zentrum geschieht Tod und Wiedergeburt.*

Gott, jetzt hast du mich bis ans Ende dieser Reise begleitet. Jetzt lasse ich meine Schwere los. – »Ich überlasse mich der Mitte. Die Anspannung lässt nach. Ich überlasse mein Denken ... dem Segen.« »Eine sanfte Strömung breitet sich von den Fußsohlen aus über meinen ganzen Körper und wird zum Strom. Meine Arme, meine Schultern fühlen sich leicht an. Meine Lungen sind freier denn je. Es atmet mich. Außen und innen verbinden sich. Es bewegt sich in mir, eine leichte spiralige Bewegung, wie eine zarte Flamme. Die Füße verwurzelt und doch nicht schwer.« – »Gelassenheit und Frieden.«

● *Wer aus dem Labyrinth will, muss sich noch einmal um 180 Grad drehen. Diese Drehung heißt – nicht nur das Aufgeben, was bisher war – es heißt gleichzeitig Neubeginn.*

Ich drehe mich um, und es geht den ganzen Weg wieder zurück, unter verkehrten Vorzeichen, mit völlig anderer Qualität. Der Segen verlässt mich nicht. Ich lasse mich gehen, lasse mich tragen und nähren in der Gewissheit des Lebens, des göttlichen Funkens in mir. – »Bin ich Mensch, der einen geistigen Weg geht, oder bin ich Geist, der einen menschlichen Weg geht?« – »Ich gehe aus dem Labyrinth in meinen Alltag: die Ruhe wirkt weiter, wo immer ich gehe.« – »Ich staune, wo ich das Labyrinthmuster anlegen kann. Ich erkenne das Gehen im Labyrinth beim Meditieren, in der Arbeit, in der Begegnung mit Freunden, in der Konfliktlösung.«
»Komme ich da auch wieder heraus?«
»Nein, wahrscheinlich nicht! Wir gehen ins Labyrinth, um zu sterben und aufzustehen.«

● *» Wer stirbt, bevor er stirbt, stirbt nicht, wenn er stirbt! « – Dieser Satz von Abraham A Santa Clara war Leitsatz bei unseren Sterbekursen: »Begegnung mit dem eigenen Tod«. – Der Weg ins Labyrinth war dabei als Übergangsritual eine wichtige Unterstützung.*

● *Aber im Labyrinth kann auch Leichtigkeit erfahren werden, besonders wenn man mit schnellen Schritten singenderweise oder mit Musikbegleitung – zum Beispiel in einem 7/8-Rhythmus – hineintanzt.*

● *Als Vorausschau auf den Lebensweg laden wir nach einer Taufe Täuflinge und Paten zu einem Gang durchs Labyrinth ein.*

● *Mit jedem Brautpaar, das sich im Haus St. Benedikt trauen lässt, tanzen wir durchs Labyrinth und hören auf den Text (S. 176).*

● *Manchmal nehmen wir die ganze Hochzeitsgesellschaft mit ins Labyrinth. Dabei singen wir: » Wechselnde Pfade ... « Nicht selten kommen älteren Menschen Tränen: Ihr eigener, oft schwerer Lebensweg kommt ihnen zum Bewusstsein. In der Mitte kehren wir nicht wieder um, sondern gehen geradeaus weiter, Richtung Sonnenaufgang, zu einem neuen Lebensanfang.*

Das Labyrinth als Lebensweg

Hand in Hand geht ihr durch den
schmalen Einlass
Es lockt euch die Mitte.
Plötzlich diese Biegungen und Windungen
Und ein Gewirr von Gängen.
Führen sie wirklich in die Mitte?
Führen sie nicht weg vom Ziel?
Ein Drehen und Wenden, ist das noch
die Richtung?
Da doch die Mitte ganz nah.
Warum führt der Weg jetzt nach außen?
Zweifel kommen auf: Ist das der richtige
Weg?

Ist da nicht wieder der Anfang?
Waren wir hier nicht schon einmal?
Nur nicht aufgeben, nur nicht stecken
bleiben,
Denn nur wer geht, kommt ans Ziel.
Umwege sind Zeiten der Läuterung,
Der Wandlung und des Reifens.
Mut und Ausdauer sind der Faden,
Der euch durch helle und dunkle Tage
führt.
Die Mitte ist euch sicher, das große Ziel ...
wenn ihr nur auf dem Weg bleibt.

Willigis Jäger

Kontemplative Klänge

Tönen

Tönen setzt Hören voraus. Hören ist leichter mit einem gelockerten Körper.

*D*er Körper hört besser
als das Ohr.

(Haussa-Sprichwort)

● Aufwärmübungen: *Strecken, dehnen, gähnen. Laut gähnen!*

● *Der letzte Ton des Gähnens ist Grundton. Hören. Am Ende des Gähnens den Mund schließen. Mmmmh – mmmh – mmmh –*

● *Vom eigenen Grundton ausgehen. Gleichzeitig die anderen hören.*

● *Den gemeinsamen Ton finden.*

Er unterscheidet sich von Gruppe zu Gruppe. Man kann auch den Ton des jeweiligen Raumes finden. Wenn eine Kirche »gestimmt« ist, antwortet sie. Der ganze Raum schwingt mit.
Es gibt eine frühmittelalterliche Form der Messe, bei der die Mönche nicht nur beim Einzug in die Kirche gesungen haben. Auch während der Liturgie sollen sich die Mönche beim Gesang in der Kirche frei bewegt haben. Auch heute ist es ein Genuss, mit anderen in einer Kirche hörend, tönend zu wandeln.

*I*ch ging drei Stunden im Laubwald und saß an einer Quelle. Ich fühle mich so frei wie nie zuvor, d.h. frei von Zwängen, Prägungen. Das tönende und schwingende Kirchenschiff, in dem wir tanzten, bin heute ich, mein Leib!
Ein Geschäftsmann nach einem Seminar

Verschiedene Laute schwingen in unterschiedlichen Körperbereichen:
U im Beckenraum,
O im Bauchraum,
A im Herzensraum,
E im Halsraum,
I im Kopfraum.

Bei Initiationsriten in Bulgarien gingen Mädchen, vierzig Tage vor dem Frühlingsvollmond, zu Beginn der Fastenzeit vor Ostern auf einen Hügel östlich des Dorfes und riefen den Frühling, vor allem mit einem alles durchdringenden Iiiihh. Die – für westeuropäische Hörgewohnheit – dissonanten Töne gehen direkt durch die Fontanelle nach oben. Die Alten in Bulgarien sagten: »Soweit diese Stimmen tragen, soweit kein Hagel in diesem Jahr.« Diese Riten wurden nicht nur zur eigenen Reinigung, sondern zum Heil des ganzen Dorfes vollzogen. Vor allem verband man sich durch diesen Gesang mit der »anderen Welt.«

*E*s gibt eine Geschichte über einen Indianer, der jeden Morgen mit seinem Gesang die Sonne aufgehen ließ. Als er gestorben war, kam ein Anthropologe in dieses Dorf und erklärte den Menschen: »Seht ihr, die Sonne geht trotzdem auf!« Aber sie antworteten: »Nein, die Sonne geht nicht auf!«

Es geht nicht um eine magische Praktik, sondern um eine weitere Dimension. Es geht nicht darum, dass wir tönen, sondern von dieser Dimension getönt werden. Das lässt sich einüben. Immer wieder wird gefragt: »Wie können wir machen, was wir nicht machen können?« Eine Antwort könnte sein: Wir tun als ob. Zum Beispiel kennen wir alle den Moment, wenn wir uns zum Schlafen ins Bett legen und tun, als würden wir schlafen, obwohl wir noch gar nicht schlafen – und dann sind wir eingeschlafen.

Wir tönen, als ob es uns tönt. – In den Kursen im Haus St. Benedikt beginnen wir das Sitzen frühmorgens nach drei Gongschlägen: – Wir tönen z.B. auf AOUM oder auf JEOSCHUA. – Nach ca. 10 Minuten erklingen sieben Gongschläge. Wir kommen vom Tönen wieder zum Hören, zum inneren Hören und so ganz organisch in die Kontemplation.

AOUM (oder OM, s. Abbildung des Sanskritwortes) ist ein kosmischer Urlaut, der immer da ist, der uns durchdringt und umhüllt. Er ist A und O, Amen oder Schalom.

Von selbst setzt A im Herzen an, in den Bauch sinkt O und U in den Beckenboden.

Das vibrierende, »Mmmm« ist als Resonanz, den ganzen Körper durchströmend, wie Balsam von innen spürbar.

Sich durch die Sitzknochen dem Boden verbinden. – Aufgerichtete Wirbelsäule. – Die Hände auf die Oberschenkel legen.

Wenn wir im Stehen tönen, gilt ähnliches wie bei den Aufwärmübungen oder dem Körpergebet. – Wir achten auf einen guten Stand. – Die Knie nie ganz durchdrücken. – Der Ton kommt eigentlich aus der Erde, aus dem Kontakt der Füße zur Unterlage.

Wichtig ist, dem natürlichen Atem – wenn möglich Bauchatmung zu folgen, den Ton nicht pressen. Töne, die zu lange angehalten werden, lassen die Energie in den Kopf steigen. Wenn also das Tönen heilsam sein soll, gilt insbesondere für Menschen mit hohem Blutdruck, den Ton ganz natürlich mit dem eigenen Atem fließen zu lassen und ihn nicht zu überdehnen.

Eine gute Übung für den Alltag ist, während des Tönens wahrzunehmen, wie wir tönen. Gehöre ich z.B. zu denen, die

179

sich immer zurücknehmen und die anderen tönen lassen, oder übertöne ich permanent alle anderen? Wenn so ein Verhaltensmuster erkannt wird, kann eine Veränderung während des Tönens zu einer Vertiefung führen. Erst wenn ich erfahre, dass mein Ton gar nicht mein Ton ist, töne ich richtig.

Wenn hundert Menschen »sich tönen lassen«, entsteht eine Kraft, der man sich überlassen kann.

Wunderbar ist auch der Laut JEO-SCHUA. Der aramäische Name für Jesus.

Der Laut
J öffnet den Kopf,
E den Kehlkopf,
O weitet sich in die Leibesmitte,
SCH in den Unterbauch und
U in die Tiefe des Beckenbodens.
A steigt wieder in die Brust, um sich in der Herzensmitte zu verströmen.

Das geschieht ganz natürlich. Wir geben den Kursteilnehmerinnen und -teilnehmern generell keine Hinweise über die Wirkung der Laute, da es um eine Wirkung geht, die jede und jeder nur aus sich selber erfahren kann. Viele sind sonst vor allem damit beschäftigt, die Hinweise zu beachten, was eine tiefere Erfahrung erschwert.

Sehr oft tönen wir abends als Einstimmung auf die Nacht SCHALOM, das hebräische Wort für Frieden.

Das Tönen gehört auch zu unseren Gottesdiensten. Da tönen wir z.B. auf ELOHIM. »El« oder »Al« aus den vorderorientalischen Sprachen, meint das EINE, im Arabischen wurde es zu Allah, und im Hebräischen zu Elohim. Im alten Testament wird dieses Wort als »Der mit nichts Vergleichbare« (Kg 8,27), »Der durch nichts Begrenzte« (Ps 139,7–12), »Der Lebendige« (Ps 90) oder »Der stets Gegenwärtige« (Ex 3,13ff) bezeichnet.

μαράν ἀθά

Auch die letzten aramäisch-griechischen Worte der Offenbarung 22,20 und des 1. Korintherbriefes 16,22 »MARAN ATHA – Komm, Herr Jesus« eignen sich zum heilsamen Tönen.

Die Worte Jesus, Elohim, Schalom, die wir tönen, gleichen einem Lauschen auf die Resonanz Gottes in allem, was wir tun. Mit einem Laut stimmen wir uns in den Tag und in die Nacht ein. Die Präsenz im

Atem wird zu einer natürlichen Erinnerung an die alles durchdringende Kraft des göttlichen Urprinzips. Sie wird zur Resonanz Gottes. Sie führt zur Einsicht, dass nur das Göttliche wirklich existiert. Alle Formen sind Masken Gottes. Alle Geschöpfe sind Ausdruck des reinen göttlichen Bewusstseins.

Willigis Jäger

Klangkörper

Das Körpergebet ist wesentlich mit Naturgeräuschen und Klängen verbunden: dem Rauschen des Wassers, dem Pfeifen des Windes, dem Rascheln des Laubes, dem Zirpen der Zikaden. So offenbart sich Gott in der Natur.

So haben auch die Klänge ihre Bedeutung in sich. Der Mensch ahmt Naturgeräusche und Klänge nach, indem er aus dem Material der Natur, Holz und Metall, Instrumente baut, die er zum Klingen bringt. Sein Körper selbst wird zum Klanginstrument, wenn er Worte und Melodien erzeugt, wenn er tönt und rezitiert oder in enthusiastischen Ausrufen seiner seelischen Gestimmtheit Ausdruck verleiht – in einer Körpersprache, die kein Warum mehr kennt, sondern manchmal in ekstatischen Lauten das Übermaß an innerer Fülle hervorbrechen lässt.

In diesem Klanguniversum spielen gezielt eingesetzte Klangkörper wie Glocke, Gong und andere Instrumente eine wichtige Rolle.

181

Die *Tambura* ist ein indisches Saiteninstrument. Aus einem Akkord von drei Grundtönen entfaltet sie einen herrlichen Klangteppich, der in eine innere Sammlung führt. Ähnlich wie Mantras bringt sie unsere Mitte zum Schwingen. Auch Gottesdienste und Körpergebete werden mit der Tambura begleitet.

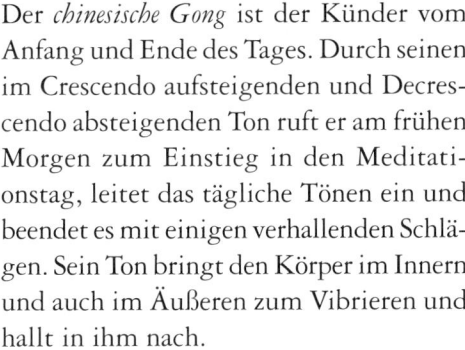

Der *chinesische Gong* ist der Künder vom Anfang und Ende des Tages. Durch seinen im Crescendo aufsteigenden und Decrescendo absteigenden Ton ruft er am frühen Morgen zum Einstieg in den Meditationstag, leitet das tägliche Tönen ein und beendet es mit einigen verhallenden Schlägen. Sein Ton bringt den Körper im Innern und auch im Äußeren zum Vibrieren und hallt in ihm nach.

Der *thailändische Gong* kündet und begleitet die Rezitation der heiligen Texte. Die Schlagfolge der Gongschläge ordnet das Rezitieren der Strophen, sie ordnet, harmonisiert und verbindet. Sein tiefer, ruhiger und doch eindringlicher Klang bringt Ruhe und Gleichklang in den Meditationstag.

Das Holzbrett ist wohl das älteste unter den Klanginstrumenten. Es rief schon die in den Wäldern lebenden Mönche aus den weit verzweigt liegenden Hütten zu gemeinsamen Übungen zusammen. Heute noch spielt das Klangholz in den griechisch-orthodoxen Klöstern eine wichtige Rolle und wird auch in den europäischen Klöstern als Instrument zum Zeichengeben benützt.

Das *japanische Holzbrett* erzeugt Klänge, die den Lauf der Zeit als eine eindringliche spirituelle Botschaft lautmalerisch verdeutlichen und im täglichen Abendruf noch einmal an die Vergänglichkeit aller Formen erinnert und den Einzelnen mit seiner Übung in die Nacht entlässt.

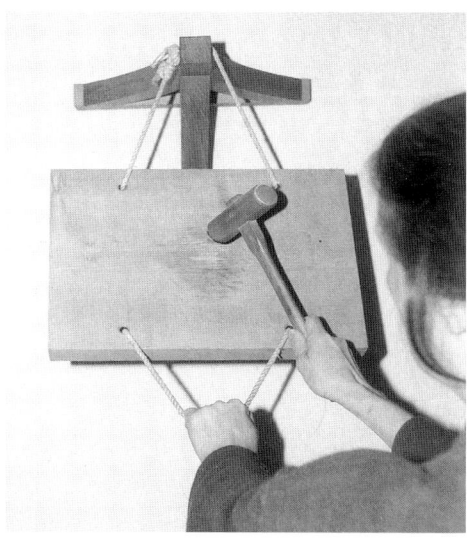

Schläge der *Klangschale* eröffnen und schließen die kontemplativen Sitzungen. Ihr Klang führt ins Schweigen und in die innere Ruhe und geleitet am Ende der Sitzperiode zurück ins Tagesbewusstsein.

Die alte *Glocke im Gelände* (15. Jh. aus Südtirol) mit den Namen der vier Evangelisten: »Matthias – Marcus – Lucas – Johannes« leitet die Abendzeremonie ein. Der ferne Ton dringt durch die Fenster und Türen in den Meditationsraum, fügt sich in das Schweigen und Üben des ganzen Tages ein und kündet das Ende der Tageserfahrung, der Tagesfreude und -mühe an. Ein Lob des vergangenen Tages und der kommenden Nachtruhe.

Nachwort

Wir sind Bewusstsein, das sich in dieser unserer personalen Struktur ausdrückt. Es gibt eine seelisch-geistige Kraft, die wir spirituelle Kraft nennen. Es ist eine dynamische, zielgerichtete Energie, die keine materiellen Strukturen hat, die vielmehr erst Strukturen kreiert. Wir sind nicht materielle Körper, die Geist haben, wir sind diese Geist-Energie, die sich in uns eine materielle Struktur geschaffen hat. Wir sind göttliches Leben, das sich im Baum als Baum und im Tier als Tier manifestiert. Gott kreiert sich als dieses Universum. Er erklingt als diese Symphonie, die wir Evolution nennen. Er ist ihr Innerstes. Um das zu erfahren, braucht Religion eine Ergänzung. Auch religiöse Vorstellungen sind nur Modelle, die uns vorübergehend helfen sollen, Mensch und Kosmos zu deuten. Kontemplation in Gebärden, der kontemplative Tanz, Tönen, Gehen und Wallfahrten versuchen, eine Kraft zu befreien, die aus der Enge anerzogener und übernommener Muster befreit, in die uns Gene, Familie, Gesellschaft, Staat und Religion hineingezwängt haben. Werte müssen unter gewandelten Verhältnissen neu betrachtet werden. Oft muss all der Ballast und Unrat einer missglückten Erziehung (auch der religiösen) aufgearbeitet werden. Hält der Mensch auf dem Weg der Kontemplation aus, führt diese psycho-spirituelle Kraft in einen Erneuerungsprozess, den die spirituellen Wege mit Metanoia, Umkehr, Verwandlung, Sterben und Auferstehen benannt haben.

Der Weg führt in die Erfahrung der einen Wahrheit. Aber diese eine Wahrheit kann nicht in eine einzige mentale Form gegossen werden. Die Wahrheit wird vom Geist des Menschen empfangen, und dieser Geist entfaltet sich im Vergänglichen. Jeder kann in den Heiligen Schriften der Religionen seine metaphysische Deutung der Wirklichkeit finden. Die Schriften behalten nur dann ihre Bedeutung, wenn sie immer wieder neu für die jeweilige Zeit interpretiert werden, denn die Bedeutung liegt nicht in ihrer Historizität, sondern in ihrem Heilscharakter. Die volle Bedeutung der Heiligen Bücher ist erkannt, wenn das Ungeborene, das wir Gott nennen, sich in uns selbst erkennt und durch das Ich handeln kann. Es nimmt dann die menschliche Form vollständig in Besitz.

Dies führt zu einer Ergänzung in der religiösen Unterweisung: Das gesamte Leben wird mit einbezogen und als religiöser Vollzug eingeübt. Gebetsgebärden, Tönen, kontemplativer Tanz, Wallfahrten führen uns in eine solche Auffassung von Religion hinein.

Willigis Jäger

Während der Entstehungszeit dieses Buches
habe ich meine Mutter gepflegt und
in ihrem Sterben begleitet.
Was bleibt, ist
Dankbarkeit.
Alles was ich hier geschrieben habe,
widme ich meiner Mutter.

Beatrice Grimm

Auskünfte über die Kurse zum Körpergebet:

Haus St. Benedikt
St. Benedikt-Str. 3
D-97072 Würzburg

Tel.: 0931/3 050 410
Fax: 0931/3 050 413

Literatur, Anmerkungen und Bildnachweis

Literatur zu »Körper und Spiritualität«

Castaneda, Der Ring der Kraft, (Fischer TB), Frankfurt/M, 1978

Chögyam Ngakpa, Reise in den inneren Raum, Paderborn 1990

Demisch H., Erhobene Hände, Stuttgart 1984

Douglas-Klotz, Neil, Das Vaterunser, (Knaur TB 86008), München 1992

Dürckheim, K., Der Alltag als Übung, Stuttgart 1987

Ende, M., Momo, Stuttgart 1973

Fox, M./Sheldrake, R., Engel, die kosmische Intelligenz, München 1998

Geschichte und Hintergrund der Gebetsweisen des hl. Dominikus, Vorträge von V. Koudelka OP und H. Barth OP; vgl. Die neun Gebetsweisen des hl. Dominikus, Rom 1987

Grün, A. Chorgebet und Kontemplation, Münsterschwarzach, 1990

Grün, A./Repes M., Gebetsgebärden, Münsterschwarzach 1988

Guorui Jiao, Die 15 Ausdrucksformen des Taiji-Qigong, Uelzen 1989

Halladsch, O Leute, rettet mich vor Gott, (Herder TB 1240) Freiburg i.Br. 1995

Kabir, Im Garten der Gottesliebe, Heidelberg 1984

Kazantzakis N., Rechenschaft vor El Greco, Reinbek b. Hamburg 1986

Lex Hixon, Eins mit Gott, (Knaur TB Esoterik 4252) München 1989

Musical Expeditions, Elipsis Arts 1995, S. 50

Ohm, Th. OSB, Die Gebetsgebärden der Völker und das Christentum, Leiden 1948

Pierre J., Umbrien, Starnberg 1966

Schimmel A., Rumi, Ich bin Wind und du bist Feuer, München 1978

Weg des Schweigens, hg. v. W. Massa, Kevelaer 1974

Wolke des Nichtwissens, hg. v. W. Massa, Kontemplative Meditation, Mainz 1974

Wosien M. G., Die Sufis und das Gebet in Bewegung, Sufis Metanoia Verlag, CH-Kindhausen 1998

Anmerkungen zu »Körper und Spiritualität«

Genaue Angaben zu Kurztiteln, s. o. »Literatur«

1 Wolke des Nichtwissens, S. 94 und S. 60
2 Johannes Cassian, Collationes, Regensburg 1887, S. 10; vgl. Kempten 1879.
3 Michael Ende, Momo, a.a.O. S. 36.
4 M.G. Wosien, Die Sufis, a.a.O.
5 Castaneda, a.a.O. S. 20.
6 Lex Hixon, a.a.O. S. 189 ff.
7 A. Grün, a.a.O. S. 56.
8 J. Pierre, a.a.O. S. 59.
9 Musical Expeditions, a.a.O. S. 50.
10 Ebenda S. 56
11 J. Quint, Meister Eckhart. Deutsche Predigten und Traktate, Predigt 17, Zürich, 1979.
12 M.G. Wosien, Die Sufis, a.a.O.
13 A.a.O., Predigt xx.
14 S. Kabir, a.a.O. S. 1.
15 J. Quint, a.a.O. S. 60/61.
16 Kabir, a.a.O. S. 4.
17 Ebenda S. 44.
18 J. Quint, a.a.O. Predigt 16.
19 Halladsch, a.a.O. S. 66.
20 A. Schimmel, a.a.O. S. 76.

Literatur zu »Einübung ins Körpergebet«

Ausländer, R., Wieder ein Tag aus Glut und Wind, Frankfurt 1986

Demisch, H., Erhobene Hände, Geschichte einer Gebärde in der bildenden Kunst, Stuttgart 1984

Die neun Gebetsweisen des Heiligen Dominikus, Ufficio libri liturgici, Deutscher Text P. Viktor Hofstetter O.P., Rom, 1987

Gimbutas, M., The Godesses and Gods of Old Europe 6500–3500BC. Myths and Cults Images, Berkeley and Los Angeles 1982

—, Die Sprache der Göttin, Das verschüttete Symbolsystem der westlichen Zivilisation, Frankfurt 1995

Grün, A./Reepen, M., Gebetsgebärden, Münsterschwarzach 1988

Jäger W., Suche nach dem Sinn des Lebens, Petersberg 1991

—, Geh den inneren Weg, Texte der Achtsamkeit und Kontemplation, Freiburg i. Br., 1999

—, Suche nach der Wahrheit, Petersberg 1998

Jiao, G., Qigong Yangsheng, Ein Lehrgedicht, Uelzen 1993

—, Die 8 Brokatübungen, Bewegung und Ruhr, , Uelzen 1996

—, Youfagong, Methode der induzierten Bewegung, Uelzen, 1995

—, Qigong Yangsheng, Chinesische Übungen zur Stärkung der Lebenskraft, Frankfurt am M., 1996

–, Qigong Yangsheng, Gesundheits-
förderne Übungen der traditionellen
chinesischen Medizin, Uelzen,1988

–, Die 15 Ausdrucksformen des Taiji-
Qigong, Uelzen 1991

–, Das Spiel der 5 Tiere, Uelzen, 1992

Koudelka, V. J., Dominikus, Gotteserfahrung und Weg in die Welt, Olten
1983

Kükelhaus, H., Urzahl und Gebärde,
Grundzüge eines kommenden Mass-
bewusstseins, Frankfurt am M., 1931

Meier-Seethaler, C., Von der göttlichen
Löwin zum Wahrzeichen männlicher
Macht, Ursprung und Wandel großer
Symbole, Zürich 1993

Ohm, Th., Die Gebetsgebärden der Völker
und das Christentum, Leiden 1948

Riedel, I., Hildgard von Bingen, Prophetin
der kosmischen Weisheit, Stuttgart
1994

Strassmann, R.-A., Baum-Heilkunde, CH-
Wilen/OW, 1983

Vital, U., Simbols populars e lur misteri,
Die volkstümlichen Symbole und ihr
Geheimnis, Herkunft und mögliche
Interpretationen,CH-7505 Schlarigna,
1997

Wosien, B., Der Weg des Tänzers, Selbsterfahrung durch Bewegung, Linz 1988

Wosien, M.-G., Sakraler Tanz, der Reigen
im Jahreskreis, München 1988

–, Die Sufis und Das Gebet in Bewegung,
CH Kindhausen 1998

–, Tanz als Gebet, Feiert Gottes Namen
beim Reigen, Linz 1990

Anmerkungen zu »Ein- übung ins Körpergebet«

*Genaue Angaben zu Kurztiteln, s.o.
»Literatur«*

1 J. Quint, a.a.O. Predigt 32.

2 A.a.O. S 38.

3 A.-G. Martimort (Hg.), Handbuch der
Liturgiewissenschaft, Freiburg 1963,
Bd.1, S.165.

4 F. Heiler, Das Gebet. Eine religions-
geschichtliche und religionspsycholo-
gische Untersuchung, München 1923,
S. 105ff.

5 Th. Ohm, a.a.O. S.16ff.

6 Th. Ohm, a.a.O. S.22.

7 A.a.O.

8 Th. Ohm, a.a.O. S.256.

9 Literaturangaben Jiao a.a.O.

10 Ebenda.

11 Th. Ohm, a.a.O. S.328.

12 Schimmel, Rumi, Ich bin Wind und
du bist Feuer, München 1991, S.91.

13 Gimbutas – the goddesses, a.a.O. S.
157.

14 Gimbutas, Die Sprache der Göttin,
a.a.O. S. 149.

15 Persönliche Aussagen von W. Lachner
über Chartres.

16 G. Jiao, Die 8 Brokatübungen, a.a.O.

17 A.a.O.

18 Strassmann, Baum-Heilkunde, a.a.O.

19 Jiao Lehrgedicht, a.a.O. S.106.

20 A. Grün, Gebetsgebärden, a.a.O. S.29.

21 Th. Ohm, a.a.O. S.260.

22 Jiao, Ein Lehrgedicht, a.a.O. S.100.

23 Riedel, Transpersonale Psychologie und Psychotherapie, Via Nova, Petersberg, 1, 1999, S.12.

24 R. Ausländer, a.a.O., S. 107.

25 Th. Ohm, a.a.O. S. 270.

26 H. Demisch, a.a.O. S.9.

27 Th. Ohm, a.a.O. S.233.

28 C. Meier-Seethaler, a.a.O., S. 110.

29 H. Demisch, a.a.O. S.67.

30 Jiao, a.a.O. S.91.

31 Hildegard v. Bingen, Der Mensch in der Verantwortung, Salzburg, 1972.

32 R. M. Rilke, Briefe aus den Jahren 1914 bis 1921, Leipzig 1937.

33 Th. Ohm, a.a.O. S.363.

34 Wir sind ein Teil der Erde, Die Rede des Häuptlings Seattle vor dem Präsidenten der Vereinigten Staaten von Amerika im Jahre 1855, Olten 1982, S.9.

35 G. Jiao, Lehrgedicht, a.a.O. S. 210 und S. 212.

36 D. Ohly, Griechische Plastik, München, Glyptothek (Blatt 117).

37 F. Zaubergarn, Frauenoffensive, München 1989, S.51.

38 Berlin 1995, S.181.

39 M. Gimbutas, Sprache, a.a.O. S. 242.

40 Wosien, Sakraler Tanz, S. 44.

41 Siehe Literaturliste.

42 Riedel, Hildegard, a.a.O. S.13.

43 – Scivias III, 13, 357.

44 Dazu empfehlen wir die Arbeit und das Buch von Maria-Gabriele Wosien, Die Sufis und Das Gebet in Bewegung, Metanoia-Verlag, CH-Kindhausen 1998.

45 Zeitschrift, Meditation Matthias-Grünewald-Verlag, Mainz 25. Jg. Heft 2/1999.

46 Grundlegend ist nach wie vor: H. Kern, Labyrinthe, München 1982.

47 S. 51.

48 Pred. 6.

Bildnachweis

Thomas Reich, Deisenhofen b. München – Tuschzeichnungen zum Körpergebet, S.: 12, 20/21, 27, 35, 42, 47, 65, 68/69, 81, 92/93, 98, 124, 132/133, 147, 156/157, 162

Ders., Fotos während des Kurses mit Beatrice Grimm in der Klosterkirche Bursfelde, 1999, S.: 31, 54, 106, 135, 137, 145, 161 und im Haus St. Benedikt, Würzburg, S.: 177, 183, 184

Gerd Aumeier, Fuldatal – Studiofotos zu den Übungen, S.: 14, 56/57, 71, 76, 79, 82, 83, 84, 87, 90, 94, 97, 99, 101, 104, 107, 110, 112, 114, 117, 119, 126, 141-144, 148-150, 159/160, 163-165, 168-170, 182

S. 49 Mann mit erhobenen Händen vor einem Altbüffel, graviertes Felsbild, Ksar Amar, Sahara-Altas, neolithisch, aus: H. Demisch; Erhobene Hände, S. 155

S. 50 Francisco de Goya, Tuschzeichnung »Göttliche Freiheit«, um 1820, aus: H. Demisch, Erhobene Hände, a.a.O., S. 180

S. 52: Farbminiatur zu »Die neun Gebetsweisen des hl. Dominikus« a.a.O. S. 15, aus: Codex Rossianus 3 in der Vatikanischen Bibliothek (XIV/XV)

S. 73: –1. Spalte: Göttin aus Culica, nahe Stara Zagora, Zentralbulgarien, Ostbalkanzivilisation ca. 4500-4000 v.Chr.; aus: M. Gimbutas, The Goddesses..., a.a.O., S. 147

– 2. Spalte: Relief Christus in Glorie, 1. Hälf-te 12. Jh. Musée Lapidaire de St.-Guilhem-le-désert

S. 74: Portal der Kathedrale in Chartres (12. Jh., Tympanon) – Christus der Apokalypse

S. 75: Skizze zum vorderen Dantian, aus: G. Jiao, Quigong Yangsheng, Chinesische Übungen..., a.a.O., S. 258

S. 78: Frau von Hluboke Masuvky, Mähren, ca. 4.700 v.Chr. Ausstellung »Sprache der Göttin«, Frauenmuseum Wiesbaden 1997

S. 80: Cruzifixus aus der Zeit der Mystik in Neumünster zu Würzburg, © Foto-Zwicker, Würzburg

S. 95 – 1. Spalte: Bulgarischer Bildhauer *Ilia J. Iliev*, Die archaische Hochzeit (5.000 v.Chr.) im heutigen Bulgarien

– 2. Spalte: Himmels Göttin Nut hält die Sonnenscheibe. Bemalung der Innenseite eines Sargdeckels. Ägypten, nach 1000 v.Chr.; aus: H. Demisch, Erhobene Hände, a.a.O., S. 53

S. 98 – 1. Spalte unten: Maria in der Hoffnung, Lindenholz; schlesisch, 2. Drittel des 14. Jh., Zisterzienserinnen-Abtei in Marienstern. Foto Waltraud Rabich © Kunstverlag Maria Laach

S. 102: Orantin in reich verzierter Tunika. Wandbild, Katakombe der Jordanier Rom, Mitte 4. Jh.; aus: H. Demisch, Erhobene Hände, a.a.O., S. 138

S. 103: Ikone »Maria des Zeichens«, Monastère D'Eygalières, Frankreich

S. 105: Ägyptische Hieroglyphe für den Begriff »Ka«, aus: C. Meier-Seethaler, von der göttlichen Löwin..., a.a.O., S. 110

S. 108: Reliefdarstellung der Froschgöttin (das Gesicht nicht erhalten). Mittelanatolisches Neolithikum, Schrein VII, 23. Çatal Hüyük, Mitte 7000; aus: M. Gimbutas, Die Sprache der Göttin, a.a.O., S. 253

S. 109: Ftau-Pitschen, Wasserkönigin im Engadin, Schweiz (Sgraffito); aus: U. Vital, Volkstümliche Symbole, a.a.O., S. 23

S. 111: Andreaskreuz in Engadin, Schweiz (Sgraffito); aus: U. Vital, a.a.O., S. 142

S. 121: Apoll von Tenea, ca. 560 v.Chr., München Glyptothek © Fotoarchiv Marburg

S. 131: Stundenglasförmige Figuren im Tanz mit einem männlichen Partner. Vinca-Kultur, Höhlentempel. Magurata, Nordwestbulgarien, ca. 4500-4000 v.Chr.; aus: M. Gimbutas, Die Sprache der Göttin, a.a.O., S. 242

191

S. 139: Skizze zu Tanzschritten von B. Grimm

S. 140: Dreifaltigkeitsdarstellung aus der historischen Kirche Urschalling in der Pfarrei Prien am Chiemsee; ©Foto Berger, Prien

S. 152/153: Bewegungsabläufe nach der Zeichnung von B. Grimm

S. 173: Ariadnefaden von B. Grimm

S. 176: Labyrinth im Gelände St. Benedikt, Würzburg; Foto von Pieter de Haas, Saarbrücken

S. 181: Klosterkirche Bursfelde/Weser. Ehemalige Benediktinerabtei St. Thomas und Nikolaus aus dem 11. Jh., Foto von Gerhard Jost, Vellmer

Im Anschluß an das Buch ist auch eine entsprechende CD (Best.-Nr. 3-466-45722-X) »Der Himmel in dir« lieferbar, die aber auch selbstständig verwendet werden kann.

Sie enthält kontemplative Klänge, Musik und einige Impulse zu den Übungen von Beatrice Grimm sowie kurze Ansprachen von Willigis Jäger.